最新 教職員の権利

ハンドブック

長時間労働

非正規教員

教育の自由

給特法改正

ハラスメント

長期病休・精神性疾患

公務災害

学校運営

労働基本権

全日本教職員組合弁護団 編

旬報社

はじめに──10年目の補論

　2012年に本書を発行してから，10年が経過しました。この10年間で，教育をめぐる状況も変化してきています。

　とくに，2020年から始まったコロナ・ウイルスの世界的流行は，私たちの日常生活を大きく変えました。学校をめぐっても，政府は全国の学校の一斉休校を要請し，2020年3月から最大3カ月に及ぶ一斉休校が全国で実施されました。休校に伴う「学びの遅れ」を解消するため，児童生徒1人1台の端末の配布，高速大容量の通信ネットワーク整備が急速に進められましたが，双方向のオンライン授業が実現できたのは，ごくわずかでした。コロナ禍は，子どもたちの学びの場として，生活の場として，学校がいかに重要な役割を果たしているのかを，改めて明らかにしました。このような中で，少人数学級の実現を求める国民の声が高まり，実に40年ぶりの学級編成の標準の改定が行われ，小学校に限定されたとはいえ，35人学級が実現するという前進も起きています。

　しかし，問題は，このような社会や教育制度の変化が起きても，子どもたちの教育を支える教職員への抜本的な権利保障は，なかなか前進せず，むしろ教職員の負担が増大しているということです。日本の教育は教職員の「がまん」に支えられているといっても過言ではありません。

　教職員の権利を取り巻く状況はどう変化し，権利闘争はどこまで前進したのか，この10年の変化を今回補足・改訂をしました。改訂をした主な論点は以下の通りです。

　第1は，教職員の長時間労働の解消をめぐる新たな動きです。2016年に文科省が行った勤務実態調査の結果，教職員の長時間労働の実態は誰の目にも明らかになりました。「学校における働き方改革」として，文科省も，教職員の長時間労働の解消を看過できない問題として位置づけるようになりました。

　しかし，文科省が打ち出した施策は，長時間労働の解消につながるものとは思えません。その1つが，2019年12月，給特法改正により導入された1年単位の変形労働時間制です。法改正後，2020年北海道，徳島を皮切りに，各自

治体で１年の変形労働時間制導入に向けた条例作りが進行しています。

　もともと変形労働時間制は業務繁閑に合わせ，労働時間を割り振ることで，総量としての労働時間短縮を目指すものですが，本制度は学期中の労働時間を増やし，その代わりに夏休みに５日程度の休日を増やすということが内容で，文科省も認めている通り，労働時間の短縮効果はありません。また，制度導入にあたっての「労使協定」を，勤務条件条例主義を根拠に不要とするなど，労基法の基本的原則を無視する重大な問題も内包しています。変形労働時間制の導入は，教職員の長時間労働解消には何の役にも立たず，むしろ有害というべきです。学校に変形労働時間制を導入させないために，条例を作らせない，職場に導入させない運動が各地で起きています。

　教職員の長時間労働は，教育現場に求められる業務量に比較して，教職員の数が少ないという点に根本的な問題があります。最近では過酷な長時間労働の実態が広く知れ渡り，そもそも教員のなり手が減少し，恒常的な教員不足という現象も生じています。教育予算を増額し，教職員数を抜本的に増大させることでしか，日本の教育制度を維持することはできません。

　教職員の長時間労働が社会問題としてとらえられている今日，教職員だけではなく，保護者も，地域住民も一緒になった運動が大切です。

　第２は非正規教員の増大の問題です。

　自治体の財政的事情から，賃金の安い非正規教員が年々増え続け，正規職員が担うべき教育活動を非正規教員が担うようになっていました。

　2017年地方公務員法の改正により，2020年から会計年度任用職員制度が導入され，教職員にも適用されるようになりました。会計年度職員は，制度上は例外的だった非正規教員の存在を認め，給与や手当など一定の労働条件の改善を図ろうとするもので，いわば実態を追認する形で制度を作ったものです。

　しかし，会計年度任用教員の任用期間は１年で，更新回数も限定されており，不安定な身分である点は変わりません。しかも地方公務員に労働契約法は適用されず，５年勤務による無期転換権もありません。教職員に「来年も同じように働けるのか」という不安がある中では，余裕をもって子どもに向き合う教育活動ができるでしょうか。

　教職員は身分の安定した正規職員であるべきです。正規教員が定数通り確保されたうえで，あくまでも非正規教員は例外的な扱いにすべきです。そして何

よりも正規と非正規の労働条件の格差をできる限りなくすべきです。

　第3は教育の自由に対する権力的介入が強化されている問題です。

　2015年公職選挙法改正により，18歳選挙権が実現しました。未来を担う子どもたちには，主権者として政治的素養を養う教育こそ必要です。そのためには，教員も生徒も自由に政治を語ることができなければなりません。しかし文科省は，教員に対しては過度な「政治的中立性」を求める通知を連発しています。その結果，生徒が部活動で行ったアンケート調査にまで県教委が中立性に反するという指摘をしたり，教員の学外での集会参加などが「政治的偏向」呼ばわりされるなど，異常ともいえる事態が起きています。この動きは，2017年学習指導要領改訂による道徳の教科化や，歴史教科書を中心とする政府見解の押し付けなど，教育内容にかかわる国家的統制の強化と軌を一にしたものです。

　教員には子どもたちとの人格的触れ合いの中で，子どもの成長を育み，人格的発達を援助する教育活動が求められています。そこに国家が様々な形で介入したり，強制をするのは，そもそも相いれません。教職員と父母，地域との連帯した力で跳ね返すことが必要です。

　第4に教員免許更新制度廃止についてです。

　2009年4月から教員の免許は有効期限が10年とされ，10年ごとに更新講習を受けることが義務付けられました。しかし制度発足当初から，更新制度の必要性が疑問視され，更新講習の時間的・金銭的負担も問題となっていました。さらに多忙な中で更新を忘れ，免許が失効してしまうケースも続出しました。負担ばかり多くて，意義は少ないと教員から批判の声が多く，ついに2022年7月1日から，免許更新制度は廃止され，教員免許は有効期間の定めがないものとなりました。現場の教員の声が政策に反映された貴重な経験です。

　以上が今回の主な改訂のポイントです。このほか，今回の改訂では，法律，制度，データなどは，できる限り最新のものに改めました。

　教職員の権利の前進のために本書をどうか活用ください。

目　　次

第1章
教職員の権利実現をめざして

1．教職員にはさまざまな権利がある

1．はじめに──権利を知ろう

　教職員の勤務時間は，どうしてこんなに長いのですか？　にもかかわらず残業手当が出ないのはおかしくありませんか？

　突然「指導力が足りない」と言われ，1年間の研修を命じられましたが，それって何か基準があるのですか？　異議を申し立てる方法は？

　生徒の実状を他校の教職員と交流していたら，「守秘義務違反だ。信用失墜行為だ」と言われました。これって何ですか？

　「日の丸に向かって一礼をしなさい」と校長から言われましたが，こんな職務命令は許されるのですか？

　すべての教職員は，日々，良い教育をしたいと願い，ひたすら教育実践に励んでいますが，少し自身やまわりを振り返り，こんな質問・疑問を並べだしたら，切りがないと思われます。それが現在の教職員をとりまく大きな特徴です。

　教職員の身分や労働条件を定めている法令は，複雑をきわめており，たいへん分かりにくいのです。そのため，教職員や学校関係者にとっては，教職員の身分や権利がどのようなものかを理解することが困難になっています。このことが教育行政の恣意的で権力的な運用を招く大きな要因になっています。

　しかし，法令の多くは教職員の身分や権利を保障することを定めています。ですから，それを正確に理解することが，権利を確立するための第一歩なのです。そして，知ってこそ，教育行政の恣意的な運用・誤った運用を改めさせる

ことができます。

　何よりも，身分保障や権利は，憲法や国際規範，そして「条理」というものがその根本にあります。これらの基本的・根本的な考え方についても正確な理解が不可欠です。人としての権利や働くものの権利は，人間にとってかけがえのないものです。それを人々の血肉にし，社会のなかで生かしていく，実現していく力を生み出すことこそが教育の大きな役割です。教育を担う人たちがその自覚をもち，学校のなかで不断にその実践をすることが強く求められています。教職員自身の権利を実現するたたかいが豊かな教育実践を生み出す最大の力となるのです。

　本来，こうしたさまざまな権利については，教育行政が正確に指導していく必要があります。さらに言えば，教員を養成していく種々の教育のなかでもきちんと教えられ，学ぶ機会が与えられるべきです。しかし，たとえば，初任研修の場でも「服務」だけを異常に強調する研修がおこなわれ，基本的な権利については，まったく触れない場合が多々存在するのです。

２．　法律や制度の変化とその反教育的・政治的性格

　身分と権利を複雑なものにしてきた原因には，政治的な思惑が強く横たわっています。戦後60年の歩みをここで振り返る余裕はありませんが，教職員組合が平和と民主主義を守る先頭にたってたたかったとき，「中立性」「公務員」ということを錦の御旗にして，法律を作り替え，教育活動への介入はもとより，教職員が市民としておこなう政治的な活動にまで規制を加えてきました。また，最近では，教育改革の名のもとに教育基本法にも手を加え，「組合が教育を歪めている」という誤ったキャンペーンを張るなどし，「学習指導要領」を濫用して，日の丸・君が代問題を足がかりに教職員の思想・信条の自由にまで土足で踏み込んでくる状況が起こっています。

　教職員の身分についても，免許更新制の導入や「指導力不足教員」問題などをとおして，これを不安定なものにして，身分の不安定化によって教育行政の管理統制を強めようとする策動がつづけられてきました。

　戦後の教育の理念は，何よりも国家主義的教育を排除し，教育の世界から管理統制をなくし，教職員の自主的・創造的な実践をとおして，個人の尊厳を確保し，子どもの人格の形成をはかることにありました。残念なことに，戦後の

60年は，ときの政権党や文部官僚・教育行政によって，これに逆行すること
が平然と繰り返されてきた歴史だったといえます。

　そのことが教職員の身分と権利の保障を実現するうえでも大きな支障になっ
てきました。しかし，ときの政権党が法律を改変し制度を動かそうとしても，
根本的なところに手をつけることはできませんでした。私たちは，その基本的
な視点をいま一度しっかりと確認して，自信をもって権利闘争を前進させる必
要があるのです。

　紆余曲折はあっても，私たちが，全教とともにたたかった20年の権利闘争
のこれまでと現在の到達点をしっかりと振り返れば，私たちが何にどう立ち向
かえばよいのか，答えが見えてくるものと確信しています。

３．教職員の地位と権利を考えるうえで不可欠の視点

　私たちは，「公教育」という建前と「地方公務員」という立場が教育行政サ
イドから，いろんな活動を制約する口実として使われてきたことに着目してい
ます。

　本書の目的は，権力的な考え方・やり方の誤りを明らかにし，教職員の身分
や権利がいかに保障されているのかを明らかにすることにあります。

　教職員は，直接的な教育の担い手です。そのために欠かせない権利がありま
す。そして教職員は労働者です。ここにも重要な権利のあることは社会で広く
認識されているところです。何よりも一市民として当然保障されるべき権利も
あります。権利のかかわりで問題とされるのが地方公務員という身分ですが，
公務員という身分も元来強い身分保障と結びつく性格のものです。「特別権力
関係」や「部分社会」などといった前近代的な理屈でこれを歪めることは許さ
れません。

４．教育の担い手としての地位と権利

（１）　教員の地位に関する勧告

　教職員は教育の担い手です。教育行政サイドはこの立場を権利を制約する原
理に利用します。しかし，たとえば，国際的な２つの機関（ILOとユネスコ）
が共同して策定し，日本も加わった政府間会議で採択された国際規範である
「教員の地位に関する勧告」は，教職員の地位と権利についてそれらが特別に

保護されるべきでものであることを宣言しています。

　この勧告では，教育が，子どもらが人権や自由への尊重を身につけ，人間性と個性を全面的に発達させることなどを目的としていることから，そうした教育の目的・目標を完全に実現するうえで，教職員には正当な地位が保障され，社会的尊敬が確保されるようにしなければならないことを規定しています。具体的に規定されていることがらは，どれをとっても教育の担い手として不可欠なものばかりであり，日本の教育行政は多くの点で，これらの規定に遠く及んでいないのです。それはこの地位勧告を直接扱う ILO とユネスコの共同専門家委員会（CEART）が全日本教職員組合（全教）の申し立てを受けておこなった勧告で，「指導力不足教員」問題への対応について「現行制度では，地位勧告の水準を到底満たしていない」と指摘していることからも明らかです。いまだ，地位勧告に関して，日本国としての訳文すら作っていない日本の教育行政の現状を，さきの共同専門家委員会はきびしく指弾しています。ここで地位勧告の条項を一つ一つ取り上げて指摘する余裕はありませんが，教育の担い手としての身分や権利のあり方を定めた国際規範として，わが国においてももっとも尊重されるべき規範であることは強調してもしすぎることはありません（本書の末尾に地位勧告の全文を紹介していますので一読ください）。

（2）　広がる国際人権規範

　日本国憲法や世界人権宣言が人権尊重を高らかに謳って，60 年の歳月が流れました。この間，国際的には，国際人権規約（自由権規約・社会権規約）や子どもの権利条約，女性差別撤廃条約などなどさまざまな人権条約が生まれ，日本社会でもそれらを人権のスタンダードにする動きが強くなっています。

　学校現場も，また教育行政も，そうした国際的な人権基準を遵守することが求められ，実践のなかに生かしていくことが求められています。こうした観点から，教職員の置かれている権利状況をみると，従前大手を振っていた「特別権力関係論」「部分社会論」などにいまだに支配されており，国際的なスタンダードからみると，それとはほど遠い状況にあることが分かります。

　学校は，人権と自由の学びの場でなくてはなりません。教育で人権や自由を教えていくことは，国際社会の強い要請でもあります。その学校で，教育を担う立場の人たちの人権や自由が尊重されていない日本の現状は，これからの日

本の未来に暗い雲として覆いかぶさっているといえます。このような観点から，学校現場と教職員の置かれている状況を見極め，変革していくことは喫緊の課題だと言えます。

（3）　教育基本法の改悪と公教育の理念

では，わが国では，そのような法規がどうなっているのかということです。

戦後，いち早く制定された教育基本法（教基法）は，教育のあり方を高らかに宣言したものでした。それを目標に，戦後の教育の民主化がすすんでいきました。その理念はこれから先もしっかりと堅持していく必要があります。

2006年，法の理念を大きく歪める改悪がなされました。

ただ，改悪された教基法でも教職員に関する次の規定が残され，「身分保障」と「待遇の適正」の重要性を堅持した点は明確にしておく必要があります。改悪後の条項も次のように定めています。

「教員については，その使命と職責の重要性にかんがみ，その身分は尊重され，待遇の適正が期せられるとともに，養成と研修の充実が図られなければならない」（9条2項）。さらに，教育という営みは「学問の自由」を根幹にする自由を尊重し（2条），個人の尊厳に立脚した「人格の完成」を目的とする営みである（前文・1条）ことから，これを担う教職員もそれを担うのにふさわしい身分と権利が保障されるべきであるとする理念は，いまなお，法として規定され，健在であることは重要です。

公教育においては中立性が強調されます。しかし，本来，中立性とは権力的な国家主義教育を排除するために求められたものです。学問の自由にもとづき，さまざまな価値観や考え方が広く教育され，自立した個人を育成することが教育本来の目的であり，中立性が求められるゆえんです。また，教育の中立性と教職員がそれぞれに自由な思想をもつこととはまったく矛盾しません。そこにも大きな「混同」があります。

最大の問題は，これまで中立性ということを理由に，権力側が教育内容に，そして教職員そのものにさまざまな制約を課してきたことです。権力側がおこなう中立性の強調は，ときの政権党の思惑や特定の国家観を教育をとおして植え付けるためになされることが多く，それらを批判すると「中立性を犯す」というのです。しかし，そのようにして教育の自由に土足で踏み入ることこそ中

立性を損ない，個人の尊厳や人格の完成を目的とする教育の理念に反することとなり，許されないのです。

　教基法は，改悪後も，「教育は，不当な支配に服することなく」おこなわれるべきことと，教育行政は「公正」におこなわれるべきことを宣言しています（16条）。改悪後の教基法も教育の理念として上述したような点を掲げていることについては，従前の規定の後退を許さず，政権党の意のままの国家主義的な教育には一定の歯止めをかけているものとして，今後ともその部分を生かしきっていくことはたいへん重要なことなのです。

　同時に，改悪後の教基法は多くの問題条項を含むこととなったことも看過できません。憲法や国際法規に照らして問題となる条項も取り入れられました。もちろん，そうした問題条項は上位規範たる憲法や国際法規にそってきびしく解釈され運用される必要があります。

　また，教基法が新たな法令にゆだねているところも多くあります。そうした部分については，理念を損ねることのないよう，法令の制定や運用にはしっかりと目を行き届かせ，濫用を阻止しなければなりません。

5．労働者としての権利

（1）　労働時間などの勤務条件と労働安全衛生

　教職員も，不当な労働条件を強いられることのないよう労働基準法（労基法），労働安全衛生法などの法令によって，その基本的な人間としての権利を守ることが企図されています。

　1日8時間，週40時間という勤務時間法制は，法律と条例で教職員にも確立されています。しかし，「公立の義務教育諸学校等の教職員の給与等に関する特別措置法」（給特法）という法律で，一方で「超過勤務は原則認めない」としておきながら，「超過勤務をしても，（自主性を理由に）超過勤務手当を出さない」という枠組みを作ったことから，手当なしの超過勤務が蔓延する事態が生じています。労働者として当然の「勤務時間を学校に取り戻すたたかい」がつづいています。

　また，いくつかの労働基準は公務員であることを理由に適用除外にしています。一番の問題は，基準を逸脱した勤務に労働基準監督署の監督が及ばないことから，違法状態が野放しになっていることです。これを除外している理由と

しては，法令遵守を前提にしている行政庁は違反を犯さないことを前提としているのですが，実態と合いません。人事委員会（公平委員会）が労基法違反の申告を受け付け是正をはかる役割を担うことになっていますが，ここがほとんど役に立っていないのも問題です。ただ，私たち自身も積極的な活用をはかることが期待されています。

　行政がおこなう労基法違反行為へのきびしい監督や是正をはからせるためのしっかりとした機構を作ることは喫緊の課題です。

　労基法や労働安全衛生法などの法規を使っての積極的な権利闘争が強く求められています。権利はあるのですから，その実現に向けて人事委員会の措置要求の活用などいろんな工夫が必要です。

（2）　労働基本権

　教職員は，他から給与を得て他で定められた労働条件のもとで勤務をするという立場ですから，典型的な労働者です。労働者は自身で労働条件を自由に決めることができません。それゆえ，労働基本権をはじめさまざまな権利が付与され，その立場を強めさせて，労使が対等の立場に近づけるような手立てを取っています。

　教職員は公務員であることを理由に，長い間，団体交渉権や争議権が保障されず，とても対等の立場で労働条件を決めるという立場にはありませんでした。教育行政や，ときには国や自治体の議会が，労働条件を一方的に切り下げる攻撃も加えられてきました。他方，多くの教職員が組合に参加し，労働条件の向上にむけて粘り強い取り組みをつづけてきたことも事実で，戦後の歴史はこうした「せめぎあい」の歴史でもありました。いま，公務員法制の大幅な見直し作業がすすめられており，労働基本権回復にむけての動きが強まっています。ただ，必要なことは，こうして基本権が回復しても，それを適正に行使しないかぎり画餅に帰すこととなることに留意することです。市民的な合意を得ながら，どのように権利行使をしていくのかが，これからの大きな課題となります。

6．市民としての権利

　「24時間公務員」という言葉が教育行政から発せられることがあります。学

校を離れて一市民になっても，教員であり公務員であるというのです。そこから，一市民としておこなう活動についてまで干渉が及びます。法律で規制している政治活動などもそれに含まれます。しかし，教職員はあくまでも一市民であり，市民的自由や人としての権利は確保されなければなりません。

さきに指摘した教員の地位勧告でも，「教員は市民が一般に享受する一切の市民的権利を行使する自由をもち，かつ，公職につく権利をもたなければならない」（80項）と定めています。

教員あるいは公務員という立場を離れて，一市民としてのさまざまな活動が豊かな教育実践をおこなううえでも不可欠なのです。

7. 地方公務員としての権利

公立の学校に勤務する教職員は，地方公務員という立場にあります。そして，教育行政からは「中立性」「国民全体の奉仕者」という立場がゆがめて強調されます。また，地方公務員法（地公法）のなかには「服務」についての一連の規定があり，これが教職員を管理統制するための道具として使われることが多々あります。

（1） 教育の理念なく，一面的に公務員性を強調

私たちが問題としているのは，1つは，教育行政が「公教育」「公務員」という立場だけを一方的に強調し，そのことによってむしろ「教育」そのものを歪めているという問題です。「教員の地位に関する勧告」は「それぞれの国で教育職員に適用される措置が，とくに公務に関する規制が教員にも適用されるかどうかによって，非常に異なっている」ことを前提にして制定されています。つまり「公務員である」ということを理由に，この地位勧告に定められた規定を弱めるようなことは認めないとしているのです。

もともと，教育の世界は横でつながる世界であり，縦型の「上命下服」という考え方は馴染みません。しかし，公務員法は「一元的な公務執行」という考え方から「上命下服」という考え方を1つのよりどころにして服務規定を作っています。

日本の教育行政は職務命令を好んで使い，職務専念義務や信用失墜行為・守秘義務などをよりどころに，教職員の「自由」や「権利」を規制してきていま

す。その際，教育法を貫く理念はどこかに行ってしまうのです。しかし，それは絶対に認められません。

（2）　公務員法のもつ権利性を軽視

　もう1つは，公務員法自体も身分保障や適正手続きなど権利を保障する条項をもっているということについて，十分な配慮がなされていないという問題です。地公法は「地方自治の本旨の実現に資する」ため「人事行政に関する根本基準を確立する」ことを目的としており，地方公務員の身分保障や権利について厚い保護が定められているのです。もとより，行政の遂行にあたっては一部の権力者に偏った行政をすすめることなどあってはならないことです。憲法15条2項をうけた地公法30条が職員を「全体の奉仕者」としたのはそのことを指しています。これは「滅私奉公」を意味しているわけではありません。ですから，そのことを理由に教育の自由や市民的活動の自由が規制を受けることがあってはならず，この点について基本的な考え方を確立することが大切なのです。

（3）　特別規定のもつ政治性

　さらに大きな問題は，教育職の地方公務員にかぎって特別な規定を設けていることで，それが権利制約に使われていることです。たとえば，政治活動については特別な根拠もなく国の権力行政を担う国家公務員と同じ制約内容の規定（ただし刑事罰は除外）を設けるなどの政治的な立法が作られています。これは，もともと国立大学の教員と同じ取り扱いをするというところから出発したのですが，その大学が独立行政法人になり，教職員は国立学校では全部普通の民間と同じ扱いになりました。ですので，そうしたしばりがなくなったのです。にもかかわらず，教育職の地方公務員についてだけは規制が残され，さらには最近では刑事罰を科す動きも出てくるなどは，その動きがいかに「政治的」かを絵で描いたようなものです。

8．私立・国立の教職員との違い

　この本が対象としている教職員とは，公立学校の地方公務員である教職員です。私立学校や，独立行政法人となった国立・公立大学の付属学校の教職員

は，民間の労働者と同じ法令のもとに置かれており，労働基準法や労働組合法が全面的に適用されます。また，給特法や教育公務員特例法なども適用されず，法令上は，政治活動にたいする規制はまったくありません。

　同じ教職にありながら異なった法令下に置くことに，大半は合理性を見出すことが困難なことは本書を読んでもらうと理解してもらえると思っています。しかし，私立や国立の教職員も，たとえば，「サービス残業は許されない」という法律上の大原則がありますが，こうした権利が十分守られているといえる状況にはなく，労働基準監督署がきびしく是正勧告をした事例なども報告されています。同じ教職員として，共同して権利を守っていく取り組みが，強く求められています。

2．権利闘争の到達点とこれからの課題

　教職員と組合は，そして父母や市民は，いろんな実践をとおして諸権利を守り伸ばしてきました。

　他方，これまでの政権党や教育行政は「組合の介入が教育を歪めてきた」というキャンペーンを張って，教職員と組合の諸権利を制約してきました。そのせめぎ合いが戦後60年にわたってつづいてきたと言っても過言ではありません。

　私たちは，教育の自由や教職員の権利を守る取り組みをとおして明らかになってきた教職員の諸権利について，ここでそれらを整理し共有化をはかり，これからの権利闘争の前進をめざしたいと思います。

1．学校現場に「労働時間」を──長時間の超過勤務問題

　実態がきわめて深刻で，にもかかわらずおそらくもっとも分かりにくい教職員の法体系の筆頭にあがるのが，教職員の勤務時間と超過勤務手当の問題です。教育職にある地方公務員についても，法律や条令では「1日8時間・週40時間」と定められ，「原則超過勤務はさせない」となっています。にもかかわらず，それが完全に無視され大半の教職員がきびしい長時間残業を強いられているのです。

　そのからくりは，労基法の大原則である超過勤務手当の支給に関する条項を

適用除外したことにあります。「どれだけ超過勤務をしても，それに見合う手当は出さなくてよい」という解釈と運用がまかりとおっています。そうなると，長時間残業が蔓延するのは当たり前です。子どもたちを目の前において，超過勤務をしないときちんとした教育実践ができない現状で，教職員にだけ負担が増えていくことを法制度が後押ししている形になっています。

　学校現場にはいろんな問題が持ち込まれ，教育課題が増加するなかで，さらには教育行政が学校や教職員の管理を強めるなかで，教職員の長時間勤務の常態化はいっそう深刻な事態になっています。

　こうした状況のなか，組合は各地で粘りづよい取り組みをおしすすめ，たとえば文部科学省をして大規模な勤務実態調査も実施させました。また，多くの学校で一人一人の教職員の勤務時間を把握するシステムを作り，長時間勤務を減少させる動きも始まっています。その是正は国の喫緊の政策課題となってきており，一定の教職員の増加を実現させるなど前進している側面はあるものの，実態はより深刻なものになってきており，法と制度とその運用を抜本的に見直すことが求められています。

　見直す方向としては，「原則超過勤務をさせない」という規定を実効性あるものにしていくとともに，超過勤務には手当を支払う制度の導入が検討されるべきです。そうすれば，どうしても勤務時間を減少させる方向に向かわざるを得なくなるでしょう。適正な仕事のさせ方をしなければならなくなります。

　もっとも，現行法でも「超過勤務をさせない」という原則が明記されているのですから，その積極的活用も不可欠です。裁判所でも管理者が勤務時間の管理を適正におこなっていないことが違法であるとして，行政に損害賠償を認める判決が高裁レベルで出されています。

　何よりも貧困な教育予算に問題の根本があります。おそらく社会の多くの人たちは，この複雑怪奇な教育職の地方公務員だけに特有の法体系とその実情を知らないと思われます。いや，教職員自身がどこまで正確に把握しているのかさえ疑問なしとしません。

　8時間労働制度は，120年前にメーデーが始まったときの最初のスローガンであり，ILOの第1号条約が宣言したことでした。学校という教職員の職場に「時間管理」を確立することが強く求められています。また，日本社会に広く蔓延しつつある「労働時間法制の無力化」に歯止めをかけるためにも不可欠

な取り組みです。

2. 過労死・過労自殺と労働安全衛生

　こうした無定量な長時間勤務と教育課題が山積し管理が強化されるなかで，学校現場がストレスの強い職場になり，教職員の精神疾患が激増し，過労死・過労自殺事件が後を絶たないという問題も深刻です。

　とくに，「時間管理」が不十分ななかで，懸命に仕事をしても長時間勤務をしたと認定してくれず，公務外にされてしまうケースも後を絶ちません。

　何よりも，すべての学校に安全衛生委員会を確立し，時間管理と健康管理を徹底して，長時間勤務を是正させることが必要です。そして，精神疾患に罹患したり，過労死・過労自殺に追い込まれた場合，速やかに公務上の認定がされるシステムも不可欠です。

　この公務災害（労災）認定でも，地方公務員特有の制度があります。現在では，私学も含め民間の事業所では，労働災害がおきた場合，専門機関である労働基準監督署が半年程度で労災認定をしていくということがルール化されていますが，地方公務員の基金制度は特別な専門的体制もなくいまだに何年もかかり，そのうえ軽々に公務外にしてしまいます。行政当局が勤務時間の管理を怠ってきたことから勤務時間の把握が困難なことがこれに拍車をかけてきているのです。この制度そのものも抜本的な見直しが求められていますが，基金に早期に結論を出させるための取り組みの強化も私たちの重要な課題です。

　この間の組合の取り組みで，安全衛生委員会の機能する職場は徐々に増えてきていますが，まだ緒に就いたばかりといっても過言ではありません。

3. 「指導力不足教員」問題と勤務評価

　教職員には強い身分保障が規定されています。しかし，教育改革のなかで「指導力不足教員」の存在を問題化し，その是正をはかるとして身分を不安定にする施策が取られるようになってきました。

　それは，主に1年目の条件付採用制度下の教職員を辞めさせることや，中高年の教職員をリストラするために使われてきました。

　問題は，何をもって「指導力不足」とするのかについて明確な判断基準が存在せず，恣意的に流れ，濫用の危険を強くもっている点にあります。このこと

は，さきに指摘したILOユネスコ共同調査委員会（CEART）の勧告が「評価のやり方は，地位勧告の水準を到底満たしていない」ときびしく非難しているところであり，1年目の教員が分限免職された事件で，大阪高等裁判所が教職員を評価するためには「合理的な基準の存在」が不可欠であると指摘しています。

　客観的かつ明確な基準のないまま，教育行政が「指導力不足」と一方的に認定できるとすると，それは著しく教職員の身分を弱めるだけでなく，そのことをとおして教育行政が管理統制を強め，「不当な支配」につながっていくことは明らかです。

　教育行政は，問題を顕在化させないように，免職処分という最終兵器を準備して当該教職員に自主退職を迫ります。「自主的に退職しなかったら指導力不足教員のレッテルを貼って，分限免職にする」と恫喝するのです。この問題が出てきてから，1年目の教職員と中高年の教職員に自主退職者が激増しています。それはこうした背景があるのです。これらは，免許更新制の導入や勤務評価などとも結びついて，教職員の身分をいっそう不安定なものにしています。このような教育委員会の恣意的・権力的な恫喝にもメスを入れる必要があります。勤務評価についてもその基準はきわめて不透明で，恣意的な濫用の危険はいっそう強いものがあります。それが昇格や賃金など重要な労働条件とリンクしてきますと，いっそう事態は深刻なものとなります。

　教職員の身分保障は，単に，当該教職員個人の人権保障のためにだけあるのではありません。人事権を利用した教育への権力の介入を許さないためにこそ存在しているのです。2010年度には，京都と大阪での新採教員への分限免職処分が違法・無効であるとの判決が最高裁判所で確定しています。ルールや基準がないままにすすめられている事態にたいし裁判所が待ったをかけたのであり，この分野での権利の確立が求められています。

4．「服務規律違反」とのたたかい

　個々の教職員の権利にとってきわめて大きな緊張関係にあるのが，「服務」だと思われます。教育行政の教職員と組合への干渉や規制は服務規律違反を理由としておこなわれることが多いのです。それは，かつても，そしていまも変わっていません。社会での公務員バッシングが強まっていることからいうと，

教育行政は服務をよりどころに管理統制の強化に乗り出しており，事態はより深刻になっていると言えるかも知れません。

　民間との違いは，地公法の規定を根拠にして攻撃を加えてくる点にあります。それだけに，私たちは慎重にその正体を見抜き，正確に反撃していくことが求められています。

　地公法は，「信用失墜行為」「守秘義務」「職務専念義務」「職務命令」「政治活動・営業活動の規制」などを，遵守すべき服務として規定しています。そのような服務についての規定が地公法にあり，公務員たる教職員がそれに服する義務があることは正確に認識し理解する必要があります。ただ注意すべきは，ときとして教育行政は「服務万能」で対処してくることがあることです。それだけに，けっして服務だけが一人歩きしているものではなく，それに対抗する権利が存在しているということの正確な理解が不可欠なのです。というよりは，これらの服務は一般職の公務員を念頭において規定されているものであり，教職とは馴染まない面を多々もっているという点への留意が必要です。教職の遂行には，本来，それに相応しい内容の服務が用意されなければなりません。教職の特殊性については，権利を制約する側では特別立法を用意しながら，服務の点では何の配慮もしていないということが問題です。したがって，それは実践的に乗り越えていかないといけないのです。

　しばらく前になりますが，京都で，学校の校門前（公道）で組合が「40人学級実現」などの教育大運動のビラを配布していたことにたいし，教育行政が「信用失墜行為にあたる」として妨害をしてきたことがあります。ある校長はパトカーまで呼びました。表現の自由や組合活動の自由への妨害であり，絶対に許されません。一体何がどのような信用を傷つけたのか，よく理解できません。しかし，服務のなかでもこの規定は行政にとってたいへん便利な規定で，何かにつけて使われることが多いのです。それだけに乱用されている場合も多く，毅然としたたたかいが求められています。当然のことながら，徹底してたたかえば跳ね返すことのできる攻撃です。

　職務命令も，この服務の一つです。「上司の職務上の命令に忠実に従わなければならない」（地公法32条）とされていることを根拠にしており，ときとして猛威をふるいます。しかし，この規定は一般の公務員の担う職務がピラミッド型の行政組織の体系のなかに組み入れられているため，個々の職務の遂行に

おいて行政の一体性と統一性を確保することが必要であるとして，規定されたものです。それは自主性や創造性を基調として日々おこなわれている学校教育とは，まったく異質なものであることは明白です。

一方的かつ権力的な性格をもつ「職務命令」は，基本的に教育の世界には馴染まないものであり，ここの見極めがどうしても必要なのです。教員の地位に関する勧告をみても，たとえば「教員を監督する制度は，教員の自由，創造性，責任感を損なうものであってはいけない」「教員は，専断的行為から十分に保護されなければならない」など，一方的かつ権力的に行使される職務命令とは，まったく異なる規範を確立しているのです。教育実践への権力的介入が許されないことは，わが国の教基法においても同様に規定されています（16条）。

5. 教育への権力的介入とのたたかい

文部科学省は，この間，学習指導要領に法的拘束力があると決めつけて，この内容を次第に厚いものにし，教育内容への介入を強めてきました。

多方面から強く批判された「旭川学力テスト事件最高裁判決」でさえ，「子どもが自由かつ独立の人格として成長することを妨げるような国家的介入」「例えば，一方的な観念を子どもに植えつけるような内容の教育」は「許されない」としているのです。

日の丸・君が代について，「特別な観念」をもたせるべく，学校式典に導入することを学習指導要領に書き込み強行することや，それにともなって教職員に起立・斉唱の職務命令を発するなどの措置をとることは，教職員や子ども・父母の思想・信条の自由や教育の自由への介入につながる行為であり，憲法や教育法理を逸脱しています。多くの訴訟がたたかわれ，その違法性や教育上問題があるとする指摘がいろんなレベルの裁判所で（最高裁判所の一部裁判官からも），なされています。

学校現場は，「子どもが自由かつ独立した人格を形成すべき場所」であり，そこへ日の丸・君が代を権力的に持ち込み，それに服従を強いるような職務命令が許される道理はありません。学習指導要領は明らかに国家主義的な方向にシフトしており，こうした教育行政には歯止めがどうしても必要です。

また，この問題は校長を中心にした学校の管理体制を強め，職員会議を形骸

化するなかで強行されてきており，改めて学校内で教職員集団が民主的にすすめることのできる学校運営のあり方が問われています。

6. 教職員組合の役割

　教員の地位に関する勧告は教員団体の果たすべき役割を大きく評価しており，CEART の数次の勧告は日本政府がまともに教員団体と協議をしようとしていない，として強く批判しています。わが国の教育行政は組合と対決し，組合の影響力を排除することを主眼に展開されてきたのですから，CEART の批判はまさに的中しています。

　教育行政は，主に「管理運営事項」論を振りかざし，主要な交渉を拒絶してきましたが，CEART の勧告の主眼もまさにそこに焦点が置かれたものでした。今回，労働基本権の見直し作業がすすめられていますが，交渉対象を狭く限定して意味のない交渉しかできないような状況にしたのでは絶対にだめなのです。

　国際機関からの日本政府にたいする批判と，日本での新たな労働基本権構想のもとで，しっかりとした役に立つ交渉体制を確立することが強く求められています。

　この間，組合は右翼の激しい妨害とたたかい，大会や教育研究集会の会場を確保するたたかいを展開し，そのすべてに勝利し妨害を許しませんでした。この間に蓄積してきた多くの裁判例は，全教のみならず，すべての労働組合や市民団体の集会のための会場確保に大きな足跡を残すものとなりました。

　教職員のまわりでは，本書で述べているような多くの課題が山積しています。それらは個人の教職員の力ではいかんともしがたいものです。教職員組合がその力をさらに発揮できるよう団結力を強めることが求められています。

7. 教職員の政治活動

　わが国の教職員にたいしてほど，政治的活動においてがんじがらめの立法規制をしている国はありません。その規制のしかたも政治的性格を露骨に表してきわめて特異です。もっとも，「かんじがらめ」といってもそのように見せているだけで，実のところ，違反をしても実際の処分例はまったくといえるほどありません。できないのです。しかし，それが存在する威力は大きく，常に，行政はこれが存在することを振りかざして活動を事実上規制してきており，威

嚇効果には大きなものがあります。

　教職員については，まず地方公務員ですからその規制があります。しかし，ここでの規制はほとんど無視できる程度のものです。ですから，戦後，教職員と組合とが政治的な課題を掲げたたたかいを大きくしていったときに，新たな立法を作って政治活動の規制に乗り出したのです。それが教育公務員特例法での政治活動の規制で，国家公務員なみの規制をすることとしたのです（力関係で刑事罰だけは除外されました）。どうして教育職の公務員がそのようにきびしい規制を受けることとなるのか，説得的な説明はありませんでした。また，元来，政治活動の規制にはその正当な必要性もありません。要は，教職員組合が当時の政権党にとって邪魔になる存在であったという一言につきます。

　正当な立法事実のないことは，その後の経過が明らかにしました。まず，これを使った処分が事実上できなかったことです。さらに，当時の立法は，「国立学校の職員の例による」という決め方だったのですが，2006年，国立大学が独立行政法人になったときに，その教職員は民間の労働者と同じ扱いになりました。ですので，規制のしかたも変わりました。現在ではこの規制は教育職の地方公務員にだけ適用されているのです。国立大学附属学校の教職員には適用がまったくないのです。どうして公立学校の教職員にだけ適用があるのか，説明ができません。

　1日も早くこの立法を廃止させ，不当な干渉の口実を排除しないといけません。それは国際的な人権規範からも導かれることがらです。

8.　非正規の激増とその課題

　非正規の教員は増加の一途をたどっています。より少ない予算で教員を確保しようとする意図に出ているからです。しかし，いろんな問題が噴出しています。まず，正規職員の採用が少なくなり，正規になれなくなってきました。また，非正規の人たちの労働条件は本当にひどいもので，改善課題は山のようにあります。しかし，どこかで正規採用して欲しいと思うがあまり，権利の主張が思うようにできません。

　採用のしかたの違いで勤務条件などに大きな格差があることが一番の問題です。同じ職責を果たす以上，同じ待遇をする義務があります。非正規の人たちの勤務条件にしっかりとメスを入れ，その是正をはかることは喫緊の課題で

す。

　もとより，最大の問題は「安上がり」を意図して非正規を正規に代替する政策は，地公法などの法律でも認められていない違法な措置であることです。正規が原則で，非正規は例外中の例外という法律上も明らかにされている原則を，すべての学校現場でしっかりと確立していくことが求められています。

9．学校を子ども・父母・市民のものにするために

　教育は学校単位でおこなわれています。その学校が自由と民主主義に貫かれたところでなくては，豊かな教育は望むべくもありません。

　しばらく前になりますが，PTAの役員と校長会との懇談会が開かれたとき，ある校長は「国（自治体）が学校を作り，そこに子どもたちが集まってくる。学校の主体は，子どもや父母ではなく，国（自治体）なのです」と述べたことがあります。京都市教育委員会の教育長が「学校の主人公は子どもではなく校長である」と断言したこともありました。しかし，これは完全に逆転しています。最初に子どもがいて，そのために学校が生まれるのです。学校の主人公が子どもであることはだれもが否定できない教育の根本でしょう。

　学校は，子どもの権利（学習権はもとより，子どもの権利条約が規定する諸権利）が完全に実現される場でなくてはなりません。また，子どもに直接的にかかわる父母などの保護者の地位が問われています。その願いや思いが確実に届けられるシステムが必要です。さらに学校は地域のなかで日々動いていきます。地域とどれだけ有機的な密接な連携をとれるかが学校のあり方に大きな影響を与えます。

　こうした学校のなかで中心的な役割を果たすのが教職員集団です。学校の民主主義は関係者の人たちが一丸となって作り上げていくためのものですが，教職員集団が民主的に学校を運営できるような形になっているかどうかがきわめて大切です。そして，そのためにも，これまで述べてきたような教職員の諸権利がしっかりと確保されることが不可欠です。そうしてこそ，はじめて子どもの諸権利の実現も可能となり，豊かな教育も実現され，学校本来の役割が発揮できます。

　教職員の諸権利の実現は，一人一人の教職員のためのものであると同時に，未来の社会を担う子どもたちのためのものでもあります。

第2章

教職員の長時間労働解消にむけて

　教職員の勤務時間は過剰に長時間です。児童・生徒や保護者からの期待や要求にこたえるためのさまざまな準備，会議の増加，提出書類の増加などがその背景にあります。

　また，教職員自身にも，さまざまな仕事に追われているにもかかわらず，教職員の労働時間と賃金について定める「公立の義務教育諸学校等の教育職員の給与等に関する特別措置法」（給特法）によって4%の調整給を受けていることや，いわゆる「教員聖職」論の影響もあり，労働時間に関する意識が若干ルーズであった問題もあります。

　しかし，給特法によっても，教職員にも労働基準法32条などの労働時間に関する規定が適用され，休憩時間を除いて1日8時間，1週間40時間の法定労働時間制が適用されますので，その枠内で週38時間45分の所定労働時間が定まります。本来，それを超えて働かせてはいけないはずなのに，実際には所定労働時間を超えて勤務させられたり，自宅に仕事を持ち帰っているため，教職員は実質的に賃金不払いで働いていることになり，無制限のタダ働きを強いられています。

　また，そればかりでなく，長時間労働のため，教職員は日常においても十分な余暇を取ることができず，憲法で定められた文化的な生活も送りづらくなっており，さらに健康破壊もすすんでいます。

　そこで，本章では，まず教職員の過酷な勤務実態を明らかにし，次に，その主要な原因となっている給特法の問題点を概観します。その後，この間の全教の取り組みにふれ，給特法改正の方向性を考えたいと思います。

1. 教職員が心身の健康を蝕まれる状況

　文部科学省の人事行政状況調査（2019年度）によると，2019年度における全国の教職員の病気休職者数は8,157人，うち精神疾患による休職者数は5,478人で過去最高を記録し，病気休職者における精神疾患による休職者は67.2％を占めています。直近5年間を比較してみると，精神疾患による病気休職者数は一番少なかった2016年度の4,891人に対して2019年度は上記のように5,478人と年々増加しています。

　精神疾患による病気休職者の割合は1995年（0.13％）頃から急増して2009年度に過去最高（0.6％）を記録し，その後やや減りましたが，直近4年でじりじりと増え，2019年度はまた0.59％まで上がっています。都道府県及び政令指定都市別に見ても，全国平均は1.05％ですが，多くが±0.3％程度の範囲に収まっており，全国的な傾向であることが分かります。さらに，年齢別に見てみると，在籍者に対する精神疾患者の割合は，20代が1.38％，30代が1.35％，40代が1.08％，50代以上が0.88％と若い世代ほど多くなっています。

　この点，02年から実施された学習指導要領（98年告示，2000年から一部先行実施）では小学校6年間の総授業時数は5,367コマ，中学校3年間の総授業時数は2,940コマと大幅に削減され（前者で418コマ減，後者で210コマ減），学校でも完全週5日制が実施されました。

　しかし，11年から実施された学習指導要領（08年告示，09年から一部先行実施）では，小学校6年間の総授業時数は278コマ増加して5,645コマ，中学校3年間の総授業時数は105コマ増加して3,045コマと，02年以前の授業時数とほぼ同程度にまで増加し，この状態は今日まで続いています。

　当然ながら，完全週5日制には変更がなく，授業時数が大幅に増加するということは，そのしわ寄せが平日に及ぶことになります。

　そればかりか，近年職場では，仕事のあらゆる場面においてパソコンを用いることが必要不可欠となっていますが，学校外にパソコンデータを持ち出すことが禁止されている場合も多く，平日には授業時数の増加に対処しなければならないことから，教職員は，パソコンを用いなければできない仕事をおこなうために，土日に出勤せざるを得なくなっているという実情もあります。

このように，教職員は，平日には週5日制完全実施以前とほぼ同程度の授業をおこない，授業以外の業務については，土日に出勤してこなさなければならないという事態に陥ってしまっているのです。

2. 長時間労働の深刻さ

1. 全教の勤務実態調査

全教は2012年10月に「勤務実態調査2012」に取り組み，全国39都道府県の教職員6879名から回答を得ました。教職員の1か月の平均時間外勤務時間は69時間32分，持ち帰り仕事時間は，平日で12時間40分，土日で9時間1分，合わせて21時間41分でした。「100時間以上」の残業という人が19.6％（ほぼ5人に1人），80時間以上100時間未満という人が13.5％で，あわせて33.2％にのぼりました。中でも「教諭等」の平均時間外勤務は72時間56分，持ち帰り仕事時間は22時間36分で，合計は95時間32分となりました。これは全教が2002年に行った調査より約10時間増えています。

また，「部活顧問をしている教諭等」と，「部活顧問をしていない教諭等」では，平日の時間外勤務には決定的な差が出ていないのに，部活顧問をしている教諭等はそこに土日の時間外勤務が上乗せされている実態が明らかになりました。

「ストレス相関係数」は「上位5％」「下位5％」ともに「生徒指導」「事務的な仕事」「業務の質」「業務の量」「保護者対応」が強いストレスになっていることがわかりました。

「教諭等」の平均睡眠時間は6時間19分ですが，男女差が大きく，男性は6時間27分で，過労死と関連する「6時間未満」と回答した人は22.5％，それに対して，女性は6時間10分で，「6時間未満は」35.7％にのぼりました。仕事に加えて，家庭での仕事の分担と，女性に対するしわ寄せが全体的に出ている，と考えざるを得ない状況です。

「授業の準備をする時間が足りない」と感じている「教諭等」が75.8％，「仕事に追われて生活にゆとりがない」が74.8％，「保護者は地域住民への対応が増えた」が63.0％，「行うべき仕事が多すぎる」が84.6％ととても多く見られ

ました。

「教諭等」が何を減らして欲しいか，については圧倒的に「資料や統計作成，報告提出など」といった事務的な仕事が選択されており，33.2％の「教諭等」がとにかく「減らして欲しい」としています。これに「会議，打ち合わせ」が11.7％と続きます。

減らすべき仕事として「資料や統計作成，報告提出など」が圧倒的に挙げられているところから，ここに改善すべき第一の課題があることが明確になりました。また，長時間労働が睡眠時間すら圧迫しており，教職員の命と健康に直接かかわる課題であることが改めて確認されました。そして，部活動の在り方の問題も出てきました。

2．CEART への報告等

全教は，勤務実態調査の結果を携えて，2014 年，ILO・ユネスコ教職員勧告適用合同専門家委員会（CEART）に「教員の長時間労働の実態と専門性」と「日本における非正規教員の問題」に関する新たな申立書を提出しました。

この申し立てに対しては，2016 年 12 月，CEART が「教員の労働問題」に関する報告・勧告を出し，全教の勤務実態調査の結果にも触れながら，労使の特別な対話を実施することを求めました。

全教は，勤務実態調査の結果を踏まえ，毎年の文科省との春闘交渉においても，持ち授業時間の上限設定，それを保障するための教員定数をそれぞれの学校に配分できる制度を盛り込んだ義務標準法・高校標準法を改正すること，時間外労働を命じることができない給特法の原則を維持しつつそれでもなお生じる時間外勤務について上限時間を厳格に設定した上で時間外勤務手当を支払うこと，これらについて管理運営事項として拒絶せず，教員団体と誠実な交渉と協議を行うこと，を掲げて追及しました。

3．文科省の勤務実態調査

文部科学省も 2016 年 10 月に「教員勤務実態調査（平成 28 年度）」を行いました。これは全国の小学校 400 校，中学校 400 校を抽出して，平成 28 年の 10 月から 11 月の 1 週間行ったものです。

（1） 小学校における学内勤務時間（持ち帰り残業は含まない）

　1日あたりの学内勤務時間（括弧内は前回2006年のもの）は，小学校では平日は，教諭11時間15分（43分増），副校長・教頭12時間12分（49分増），校長10時間37分（26分増）となり，土日は教諭1時間07分（49分増），副校長・教頭1時間49分（44分増），校長1時間29分（47分増）となりました。平日について5倍して1週分に，それと土日分をさらに4倍して4週分とする単純計算をすると，月所定労働時間数155時間との関係で，教諭は74時間28分，副校長・教頭は96時間16分，校長は63時間16分の超過勤務をしていることになり，教諭の超過勤務の時間数は全教の調査とほぼ一致する結果となります。

（2） 中学校における学内勤務時間（持ち帰り残業は含まない）

　同様に，中学校では平日は，教諭11時間32分（32分増），副校長・教頭12時間06分（21分増），校長10時間37分（18分増）となり，土日は教諭3時間22分（1時間49分増），副校長・教頭2時間06分（54分増），校長1時間59分（1時間05分増）となりました。小学校の場合と同様の単純な計算をすると，月所定労働時間数155時間との関係で，教諭は89時間08分，副校長・教頭は95時間24分，校長は65時間16分の超過勤務をしていることになり，やはり過酷な超過勤務の実態が明らかになりました。

　文部科学省の調査は，勤務時間増加の実態を詳細に分析しており，平日については，小学校では，授業（27分），学年・学級経営（9分）が，中学校では，授業（15分），授業準備（15分），成績処理（13分），学年・学級経営（10分）が増加していること，土日については，中学校で部活動（1時間3分），成績処理（10分）が増加していることがわかりました。

4．国際比較における長時間労働の実態

　諸外国との比較においても，日本の教員は長時間労働を強いられていることがわかります。「教員環境の国際比較：OECD 国際教員指導環境調査（TALIS）2018 報告書」によると，以下の結果となりました。

- ● 中学校教員の1週間当たりの仕事にかける時間は，参加国平均では38.3時間であるが，日本は最も長く56.0時間である。また，小学校教員は，

参加国の中で，日本は最も長く 54.4 時間である。

● 日本の教員が一般的な事務業務にかける時間は，中学校で 5.6 時間，小学校で 5.2 時間である。一方，中学校教員の参加国平均は 2.7 時間である。

● 日本の教員が学校内外で個人で行う授業の計画や準備にかける時間は，中学校で 8.5 時間，小学校で 8.6 時間である。一方，中学校教員の参加国平均は 6.8 時間である。

● 日本の教員が課外活動の指導にかける時間は，中学校で 7.5 時間，小学校で 0.6 時間である。一方，中学校教員の参加国平均は 1.9 時間である。

● 日本の教員が職能開発活動にかける時間は，中学校で 0.6 時間，小学校で 0.7 時間である。一方，中学校教員の参加国平均では 2.0 時間である。

　週 56 時間勤務というのは，超過勤務がひと月約 70 時間に相当し，やはり，全教や文部科学省の調査に似通った値です。また，上記のように，日本の教員は，一般的な事務作業や課外活動に要する時間が非常に多く，職能開発活動にかける時間が短くなっています。

3．なぜ教職員は長時間労働を強いられるのか──給特法の問題点

　これまで見てきた教職員の勤務実態や病気休職者数の激増などからも明らかなように，教職員の勤務実態は，長時間労働が常態化されており，その健康に深刻な被害を与えています。それでは，なぜ，このような状況が発生しているのでしょうか。歯止めとなるべき手段は存在していないのでしょうか。次に，この原因となっている教職員の労働時間と賃金に関して規定している給特法について見ていくことにします。

1．給特法の制定経過

（1）　給特法制定までの給与体系と超過勤務手当訴訟
　給特法が制定されるまでは，公立学校の教職員について，教職員が超過勤務した場合には，超過勤務手当を支給しなければなりませんでした。
　そのため，教職員の超過勤務をめぐり，各地で超過勤務手当の支給を求める

訴訟が数多く提起され，自治体が裁判所に支払いを命じられています（代表例が静岡県教職員事件の最高裁 1972 年 4 月 6 日判決）。そして，これらの訴訟において，教職員勝訴の判決がつづいたことで，当局は教職員の超過勤務にたいして何らかの対応をとらざるを得なくなり，どのような対応をとるべきかが喫緊の課題となりました。

（2） 1966（昭和 41）年の教職員勤務状況調査

このような状況下で，国会においても，教職員の超過勤務手当問題をめぐり質疑応答がなされ，文部省は，「教職員の勤務状況調査の結果をまってから検討する」という対応をとり，66（昭和 41）年，教職員の勤務状況調査がおこなわれました。

その結果，1 週当たりの平均超過勤務時間は，小学校で 1 時間 20 分，中学校で 2 時間 30 分であることが明らかになりました。これは，1 月当たりに換算すると，小学校では 5〜6 時間程度，中学校では 10 時間程度ということになります。

（3） 給特法の成立

この調査結果を受け，71（昭和 46）年，給特法が成立しました。

超過勤務が公然とおこなわれているにもかかわらず，何らの手当も支給されないという状況を解決するためには，超過勤務手当を支給することにするか，超過勤務をおこなわせないことにするか，いずれかの方法による必要がありますが，

①　教職員の職務は，児童・生徒という人を相手とした職務であり，「自発性・創造性」が求められていることから，一般公務員とは異なり，厳格な時間管理になじまない性格を有している。

②　厳格な時間管理をおこなわないことから勤務時間が無定量になるのではないかとの危惧にたいしては，人事委員会等の措置要求という行政措置等の救済措置が存在している。

という理由で，給特法は，原則として超過勤務はおこなわせず，「教職員の職務と勤務態様の特殊性に基づき」時間外勤務手当および休日勤務手当は支給しない代わりに，調整給として本俸の 4％を一律支給するという方法をとりま

した。

　なお，成立当初は，「国立及び公立の義務教育諸学校等の教育職員の給与等に関する特別措置法」という名称でしたが，現在では，国立学校の独立法人化にともない，国立学校は適用除外となり，「公立の義務教育諸学校等の教育職員の給与等に関する特別措置法」という名称となっています。

　①に関する参議院文教委員会での政府答弁

　「教育というものはそもそも教員の自発性，創造性に期待されているところが少なくないということが一つの大きな特徴だと思います。たとえば税務署の役人の場合に，税務署の役人が自発性，創造性を発揮してもらったらたいへんなことになる。ところが，先生の場合にはこれとはっきり違うというような面において，行政職との間に一つの違いがあるだろう。……結局勤務時間の，あるいは勤務のあり方について，すべてストップウォッチを握ったような形での時間的計測あるいは時間的管理というようなものがなじむかというような問題がそこにつながって出てくるということで，この私どもの意見の申し出の根本の考え方はそこにあるというわけでございます。したがいまして従来勤務時間というものは一応はきまっておりますけれども，これは普通の行政職の場合の勤務時間とは違うのだということがありまして」（1971年5月20日・参議院文教委員会・佐藤人事院総裁）

　②に関する衆議院文教委員会での政府答弁

　「万に一人か二人ぐらい，べらぼうな教育長やあるいは学校長がないとはいえない。そういう場合には，先ほど申されたような行政措置等の救済措置もあるわけでございます」

　「いままでは超過勤務をさせれば手当を支給するということになっておったからそれが歯どめの役目をしたのじゃないかというおことばがありましたが，……ではお金を出したら幾ら働かせてもいいのか，そういうものじゃないだろう。……お金は，私は大きな歯どめになり得ないというふうに考えます」（1971年4月23日・衆議院文教委員会・佐藤人事院総裁）

2．給特法の概要

（1）　給特法における調整給の法的性格

　では，給特法における調整給は，労働基準法（労基法）37条の超過勤務手当

に代わる超過勤務手当の一律支給という性格を有しているのでしょうか。

政府は，国会答弁において，①一般公務員とは同様の時間管理にはなじまないこと，②教職員の勤務実態の特殊性を理由として，調整給は，超過勤務手当の一律支給という性格のものではなく，教職員の職務と勤務態様の特殊性にもとづいて勤務時間の内外を問わず，包括的に評価して支給される俸給相当の性格を有する給与というべきであるとしています。

（2） 超過勤務の原則禁止と時間外勤務手当および休日勤務手当の不支給

前記のとおり，給特法は，「教育職員の職務と勤務態様の特殊性に基づき」（1条，なお給特法は，複数回にわたり改正されていますが，条文は現行法に基づいています），「教育職員については，時間外勤務手当及び休日勤務手当は，支給しない」（3条2項）とする一方，「教育職員を正規の勤務時間を超えて勤務させる場合は，政令で定める基準に従い条例で定める場合に限るものとする」（6条1項）と規定し，教職員にたいしては，特別の場合を除いて，正規の勤務時間を超えて勤務させることを禁止しています。

さらに，正規の勤務時間を超えて勤務させる場合として，政令で定める基準に従い条例で定める場合でも，「教育職員の健康と福祉を害することとならないよう勤務の実情について十分な配慮がされなければならない」（6条2項）として，現在，政令[1]で超過勤務を命じることができる場合として認められるのは，①生徒の実習，②学校行事，③教職員会議，④非常災害等で，かつ，臨時または緊急のやむを得ない場合のいわゆる「限定4項目」に限られています。

（3） 教職調整額の支給

給特法は，「限定4項目」以外の超過勤務を禁止し，時間外勤務手当と休日勤務手当を不支給とする一方，「教育職員の職務と勤務態様の特殊性に基き」（1条），「教育職員には，その者の給料月額の100分の4に相当する額を基準として，条例で定めるところにより，教職調整額を支給しなければならない」（3条1項），すなわち4％の調整給を支給しなければならないとしています。

この4％という調整額は，1週当たりの平均超過勤務時間が小学校で1時間20分，中学校で2時間30分であるということが明らかになった前記66（昭和

41）年の教職員勤務状況調査の結果を受けて算出されました。

3．給特法の適用と問題点

このように給特法は，原則として超過勤務を禁止しており，例外として「限定4項目」に該当する場合には，超過勤務手当を支給せずに超過勤務命令を出せるとした代わりに，一律4％の調整給が支給されるとしています。

しかし，教育現場においては，教職員にたいして求められる課題の多様化・複雑化にともない，正規の勤務時間内にすべての職務をおこなうことが困難になっています。他方，給特法成立以降，同法が適用される以上，教職員には労基法の適用はなく，そのために教職員の勤務には時間規制がされず，超過勤務した場合にもその手当は4％の調整給ですべて補われているという誤解が強まり，教職員は無定量な超過勤務をおこなわざるを得ない状況に追い込まれました。

（1）「限定4項目」の有名無実化

給特法のもとでは，教職員にたいして超過勤務を命じることができるのは，「限定4項目」で，かつ，臨時または緊急のやむを得ない場合に限られています。

すなわち，これらの場合以外には，教職員にたいして超過勤務を命じることはできません。また，「限定4項目」に該当する場合であっても，「臨時又は緊急のやむを得ない場合」に限られているのですから，学校行事や教職員会議であっても，事前に予定されていた行事や会議の場合は該当せず，超過勤務を命じることができるのは，突発的な出来事に対応する必要があるような場合に限られます。

しかし，実際の教育現場においては，それぞれ個性をもった児童・生徒を相手とするという勤務の特殊性や教職員にたいして日々課せられる多様かつ複雑な課題に応じるため，正規の勤務時間内ではすべての職務をおこなうことができず，教職員の長時間労働が常態化しているのが実情です。

（2）教職員の勤務にたいする時間規制・時間管理

給特法が適用されるからといって労基法が規定する労働時間の規制は適用さ

れないのでしょうか。また，教職員の勤務にたいしては時間管理等をおこなう必要はないのでしょうか。

　給特法5条は，地方公務員法（地公法）58条3項の読み替えについて規定しています。これによれば，時間外および休日手当について規定している労基法37条は適用除外となっていますが，1日8時間・1週間40時間という労働時間について規定している同法32条や休憩について規定している同法34条は適用除外から外されています。すなわち，給特法のもとにおいても，当然に同法32条や34条は適用されることになります。

　したがって，教職員の勤務にたいしても，1日8時間・1週間40時間という法定労働時間規制が当然に適用され，勤務時間が6時間を超える場合には45分の休憩時間を勤務時間内に与えなければなりません。また，労基法に基づき制定された各地の条例で定められた一日7時間45分，週38時間45分の所定労働時間が適用されます。

　そうだとすれば，学校長等管理者は，教職員の勤務時間にたいしても，労基法，条例における勤務時間規制を遵守すべく厳格に時間管理をおこなわなければならないことは当然のことです。

（3）　是正措置の機能不全

　このように，学校長等管理者は教職員の勤務時間にたいしても厳格に時間管理をおこなわなければなりません。また，教職員の時間外勤務の内容も，授業準備や成績処理等，教職員の職務に必要不可欠な内容となっているのですから，これらの業務は，学校長等管理者からの明示の命令・指示がなくても，その是正のため割り振りの変更や振り替え等の措置をとることが必要不可欠となります。

　しかし，それにもかかわらず，学校長等管理者が必要な措置をとらず，学校長等管理者からの明示の命令・指示がなくても，教職員が職務の遂行上おこなわざるを得ない必須の業務を強いられた場合には，その是正を求め，人事委員会にたいして措置要求をすることができます（地公法46条）。

　給特法制定当時の国会論争でも，同法がかえって無定量な勤務を強いることにはならないかとの強い懸念がありましたが，これにたいして政府は，勤務が無定量となる一番の歯止めとしては，この措置要求制度があると答弁していま

した。

　ただ，これまでは，この措置要求制度が無定量な勤務にたいする歯止めとして機能していたとはいえませんでした。しかし，教職員の勤務時間を適正に管理する必要があるという判定もなされており，活用が求められます。

４．　給特法の改悪による年単位の変形労働時間制導入

１．　１年単位の変形労働時間制の概要

　政府は 2019 年に，教員の長時間労働の実態を前に「学校における働き方改革」が必要だとし，給特法の適用のある公立学校の教職員に，労基法 32 条の4 に定める「一年単位の変形労働時間制」を導入可能とする同法第 5 条の法改正行いました。

　この変形労働時間制とは，元々，労基法 32 条が定める週 40 時間，1 日 8 時間労働制の規制の例外規定で，労働時間の規制枠を「弾力化」する制度です。具体的には，濫用防止のための一定の条件の下で 1 日 8 時間労働制の枠を撤廃し，週 40 時間制についても，1 年位内の「対象期間」を通じて平均して週 40 時間以内であれば良い，という形で「変形」を可能にするものです。

　制度導入時，この制度は，業務の繁閑を見込み，それに合わせて労働時間を配分するもので，突発的なものを除き，恒常的に時間外労働がないことを前提としたものと説明されました（平成 6 年 1 月 4 日基発第 1 号）。しかし，勤務実態調査にもある通り，教育の現場には恒常的に時間外労働が存在しているのであり，導入の前提はそもそもありません。

　また，繁忙期の所定労働時間を増やすかわりに閑散期の所定労働時間を減らすことで，総じて労働時間を短縮するための制度だと説明されました。しかし，実際には民間でも濫用防止のための条件を破りながら労働者に「弾力化」した長時間労働のみを強いる事例が多く，訴訟でも違法とされることが極めて多い制度です。

２．　給特法の変形労働時間制の概要

　給特法で導入された 1 年単位の変形労働時間制（以下「給特法の変形制」とし

ます）は，「休日のまとめ取り」のための制度とされ，労働時間短縮の効果が
ないことは文科省も公言しています。労基法の変形制とは異なる以下の「前提
となる事項」が導入のための条件として付されます。なお，文科省は「前提」
という文言を用いていますが，厳密には「省令」事項は給特法施行規則に定め
られ，給特法の変形制が適法であるための要件です。「告示」事項は，それと
は別に，給特法第7条に基づき，教育委員会がする，教育職員の健康及び福祉
の確保を図るために講ずる措置について，文科省が定める「指針」（旧「ガイ
ドライン」）に定められた事項です。ただし，施行規則第6条2項で，給特法
の変形制導入のために「指針に定める措置その他教育職員の健康及び福祉の確
保を図るための措置を講ずるものとする」とされていることから，結局，給特
法の変形制を適法に導入するためには，そのためのものとして「指針」が定め
る措置を講ずることが必要になります。例えば，指針に含まれる在校等時間の
上限が守られない場合には，教育委員会が給特法の変形制の指定を取り消す旨
は，法案の国会審議でも明らかにされています[2]。在校等時間の客観的な把握
がなされない場合も導入できないことが確認されています（2019年12月3日・
参議院文教委員会・萩生田文科大臣）。

＜前提となる事項＞
① 対象期間には，長期休業期間等を含むこと【省令第1条第1項】
② 勤務日や勤務時間の設定に当たっては，通常の正規の勤務時間に比し
　て短く設定する日には勤務時間を割り振らず，かつ，長期休業期間等
　において勤務時間が割り振られない日を連続して設定すること【省令
　第1条第2項】
③ 育児や介護等を行う者については，これらの者が育児等に必要な時間
　を確保できるような配慮をすること【省令第5条】
④ 対象となる教育職員の在校等時間に関し，指針に定める上限時間（42
　時間／月，320時間／年等）の範囲内であること【告示第3章】
⑤ 服務監督教育委員会及び校長は，指針に定める全ての措置を講じるこ
　と【省令第6条，告示第3章】
　「給特法」：公立の義務教育諸学校等の教育職員の給与等に関する特別
　　　　　　　措置法

> 「省令」：給特法施行規則
> 「告示」：給特法第7条に基づく指針

　次に，給特法の変形制を教職員に適用する場合，教育委員会は「指針」が定める以下の措置を講じる必要があります。

> ＜服務監督教育委員会等が講ずべき措置＞
> ①　本制度を適用する場合は，上限時間について，「45時間」を「42時間」と，「360時間」を「320時間」とする（注：上記「前提となる事項」の④と同じこと）。
> ②　本制度を適用するに当たっては，上限時間の範囲内であることが前提。
> 　　服務監督教育委員会及び校長は，こうした本制度の趣旨を十分に留意した上で，適用しようとする期間の前年度において上限時間の範囲内であることなどの在校等時間の状況や，在校等時間の長時間化を防ぐための取組の実施状況等を確認し，適用しようとする期間で上限時間の範囲内となることが見込まれる場合に限り，本制度の適用を行うこと。
> 本制度の適用後も，対象期間において，上限時間の範囲内とすること。
> ③　本制度を適用するに当たっては，服務監督教育委員会及び校長は，教育職員について，対象期間において，以下の全ての措置を講じる。
> 　イ　タイムカードによる記録等の客観的な方法等による在校等時間の把握を行う
> 　ロ　部活動の休養日及び活動時間を部活動ガイドラインの範囲内とする
> 　ハ　通常の正規の勤務時間を超える割振りについては，長期休業期間で確保できる勤務時間を割り振らない日の日数を考慮した上で，年度初め，学校行事が行われる時期等，対象期間のうち業務量が多い一部の時期に限り行う
> 　ニ　通常の正規の勤務時間を超えて割り振る日において，これを理由として，担当授業数や部活動等の児童生徒等の活動の延長・追加や，教育職員の業務を新たに付加することにより，在校等時間を増加させないようにする

ホ　通常の正規の勤務時間より短く割り振る日については，勤務時間の短縮ではなく勤務時間を割り振らないこととし，当該日を長期休業期間に集中して設定する

ヘ　終業から始業までに一定時間以上の継続した休息時間を確保する

④　本制度を適用するに当たっては，服務監督教育委員会及び校長は，対象期間において，学校について以下の全ての措置を講じる。

イ　部活動，研修その他の長期休業期間における業務量の縮減を図る

ロ　超勤4項目の臨時又は緊急のやむを得ない業務を除き，職員会議，研修等の業務については，通常の正規の勤務時間内において行う

ハ　全ての教育職員に画一的に適用するのではなく，育児や介護を行う者等については配慮する

⑤　本制度に関して指針に定める事項を踏まえ講ずる措置等に関し，人事委員会と認識を共有するとともに，人事委員会の求めに応じてその実施状況等について報告を行い，専門的な助言を求めるなど連携を図る。等

3．その他の要件等

（1）対象期間内での勤務の割り振りは不可

　元々，労基法における1年単位の変形労働時間制は，対象期間内で，特定された日または週の労働時間を対象期間の途中で変更することはできない，とされます（昭和63年3月14日基発150号）。これは，給特法の変形制にも同様に当てはまると考えざるを得ません。法案の国会審議でも「（従来の）勤務時間の割り振りを実施する必要がある期間については，1年単位の変形労働時間制の対象期間から除いていただくといった工夫が必要」と確認されました（2019年12月3日・参議院文教科学委員会・吉良よし子議員に対する丸山局長答弁）。

（2）適用単位や現場の対象となる教職員の意向の重要性

　労基法の変形制は，事業所ごとに，適用する労働者の範囲を決めることになっています。究極的には個人ごとへの適用も可能ですが，管理者の管理事項が複雑になりすぎ，無理があります。通常は部署ごとなどで導入されます。給特法の変形制についても同じことが当てはまり，適用は学校単位，究極的には個

人単位となります。政府は，法案審議の国会答弁で，「…今回の制度を活用する対象者を決めるに当たって，校長がそれぞれの教師と対話をし，その事情などをよく汲み取ることが求められています」(2019年11月26日・丸山中等教育長)，「当然のことながらしっかり話合いをしていただき，教育委員会，校長と現場の教師との共通認識を持って制度を活用していただく必要があると考えており，施行の通知等でその旨を通知するとともに，…」(2019年11月15日・衆議院文部科学委員会・萩生田文科大臣) などと答弁しています。また，「条例制定に当たって学校での検討の結果，制度の導入について教員の合意が得られない場合，また，条例制定後，教員の合意が得られず，学校の意向が制度導入を拒否する場合，制度は導入できないとなるのでしょうか」「全体として教員の合意が得られなかった場合は学校の意向にならないという確認でいいですか」(2019年11月15日・衆議院文部科学委員会・畑野君枝議員) という質問に対して「各学校の意向を踏まえずに都道府県が一律に条例で強制をしても何の意味もないと思います。当然のことながら，条例をつくるに当たって各学校の校長とそれぞれの教師がしっかり対話をしていただいて，個々の事情もあると思います，……よく汲み取ることが求められておりますので，当然，学校のみんなが嫌だと言うものを，これはいくら条例ができたからといって，なかなかそれを運用して，動かすことは無理だと思います」(萩生田文科大臣) と答弁しています。条例による変形制の制定，変形制の運用 (実際の現場への導入の可否) については，現場の教職員の意向が十分に尊重される必要があります。

(3) 労働組合の関与の重要性

　労基法の1年単位の変形制は，長時間労働が労働者の人権侵害になり得ることから，過半数の労働者を組織する労働組合と使用者の交渉により労働時間の枠を決めていくことが想定されています。一方，給特法の変形制は，条例や規則で一方的に内容を定めることになっており，大きな欠陥があります。しかし，法案の国会審議では，「……地方公務員法においては，職員の勤務条件に関する事項は職員団体との交渉事項であり，法令等に抵触しない限りにおいて書面による協定を結ぶことができる旨が規定されております。本制度の導入についてもこの勤務条件に該当することから，導入に当たっては，各地方公共団体において，職員団体との交渉を踏まえつつ検討されるものと考えています」

（2019 年 11 月 7 日・衆議院本会議・萩生田文科大臣），また，「全ての段階で交渉，つまり交渉は 1 回限りで終わりじゃないですよね」（2019 年 12 月 3 日・参議院文教委員会・吉良よし子議員）との質問に対し，「その登録を受けた職員団体から申し入れをするものでありまして，例えば都道府県で交渉団体との話合い，市町村での話合い，こういったものは担保されると思います」（萩生田文科大臣），「今回の 1 年単位の変形労働時間制の活用については，条例や規則等によって導入されるものであり，校長に導入の決定権限があることは想定しづらいですが，例えば，校長は，1 年単位の変形労働時間制の活用に当たって，学校の年間スケジュールや各教職員の状況を市町村教育委員会に対して適切に共有することが必要となるため，こうした校長の権限の範囲に属することであれば，交渉の当事者となることもあり得ないわけではないと考えております」（2019 年 12 月 3 日・参議院文教委員会・萩生田文科大臣）などの答弁がなされており，現場での導入阻止を含めた歯止めのために労組が役割を発揮できます。

4．現場で導入させないことの重要性

　先に述べたように，そもそも，今回導入された変形労働時間制は，所定労働時間をやりくりするだけなので，労働時間を減らす効果はありません。労働時間規制の「弾力化」と称して規制枠組みを緩和することで長時間労働を強いられかねないものです。また，給特法の変形制において規制枠組みの緩和対象となるのは所定労働時間（正規の勤務時間）である一方，給特法では，本来，限定 4 項目以外の超過勤務（指示）を認めていません。そうすると，限定 4 項目以外の違法なサービス残業が横行しているもとで，正規の勤務時間の規制枠組みを緩めれば，正規の勤務時間の規制が緩和された上に相変わらず違法残業がこれに加わるので，これまで以上に長時間労働を強いられることになります。正規の勤務時間外の在校等時間が広範に存在している時点で，規制緩和の最低限の前提を欠いていると言わねばなりません。また，給特法の変形制は，限定 4 項目以外の違法な超過勤務をなくして労働時間を削減するという給特法のもとでの本来的な労働時間削減のあり方を見失わせる恐れがあります。

　教職員の健康や福祉を確保するために休日のまとめ取りをすることは重要ですが，それは本来は有給休暇制度の役割であり，実際，各地で夏休み期間中に閉庁日を設けて教職員の休暇取得を促進する動きもあります。有給休暇の取得

と給特法の変形制による休日のまとめ取りは，趣旨目的が重複しているため，教職員の有給休暇取得率が低い状態で給特法の変形制を導入すれば，有給休暇を取得できずに勤務日の勤務時間が増えるという結果になります。

　また，変形労働時間制は，対象期間の設定，各日の勤務割の作成，その管理運用など，管理職の負担が非常に大きい制度です。民間の事例で制度が違法となるのも，多くの場合は管理職が変形労働時間制の管理運用を適切におこなえないからです。

　全体として，本来当たり前に取れるはずの休みの日を取るために，労使で多大な労力を投入し，勤務時間を増やさなければならない制度であり，メリットがあるとは言えません。

　給特法の変形制を現場に導入するためには，まず，条例を制定する必要があります。また，条例ができてしまったからといって一律に導入されるわけではありません。各学校の実情に応じて，適用される労働者の範囲や制度の具体的内容（対象期間，期間中の各日の出勤時刻，退勤時刻等）を特定した規則を教育委員会が定める必要があります。また，その際，先述の「前提となる事項」や「構ずべき措置」の内容が達成されていなければ，制度が違法となり，結局，導入できないことになります。

　このように，教職員に利益のない制度の導入を阻止できる場面は，条例制定阻止，各学校向けの具体的制度（規則）制定阻止，適法に導入するための条件チェックなど，幾つもあり，組合の力を発揮しやすい場面でもあります。

5．給特法改正の方向性

　これまでみてきたように，文部科学省も，教職員の過酷な超過勤務の実態を認めざるを得ず，文科省の審議会の報告文書[3]においても，教職員の時間管理が必要であること，および調整給の一律支給では教職員の超過勤務に歯止めがかからないことを指摘せざるを得ない事態が発生しています。また，各地でも厳格に時間管理をおこなうという動きが確実に定着しつつあります。さらに，当初予定されていた無定量な勤務にたいする救済措置である人事委員会への措置要求がこれまでは十分に機能してこなかったという現実もあります。

　そこで，全教では，2011年1月，現行給特法の問題点を改善し，無定量か

つ時間外手当等が支給されない教職員の超過勤務状況を是正すべく，給特法の改正をめざし，「給特法の改正の基本方向に関する提言」をまとめ，発表しました。この提言の内容は，10年経った今でもそのまま重要なものです。

1. 法改正に関する原則的考え方

　現状の問題点は，超過勤務禁止の原則が遵守されず，長時間労働が常態化されていること，加えて，時間外・休日手当を支給しないという規定があるために，長時間労働にたいする正当な対価さえも支払われていない，という点にあります。

　この現状を打開する基本方針は，教職員の増員，少人数学級の実現，業務の見直しなど，教職員の負担を軽減することによって，超過勤務禁止の原則が実現できる条件を整えることにあります。実労働時間に見合った賃金を支払わせることは，最終的な目的ではありません。しかし，現状の超過勤務にたいする賃金不払いを放置したままでは，超過勤務の深刻な現状を直視させ，是正にむけた動機づけを与えることはできません。

2. 法改正の内容に関する提案

（1）　法改正の目的を明確に
　法改正の趣旨・目的を明確にするために，法律の名称を「教育職員の労働時間の適正な管理と給与等に関する法律」に改め，第1条の「趣旨」も，これに沿う内容に改めるべきです。

（2）　現行の超過勤務禁止規定は必要
　「教職員の業務」は，「厳しい，継続的な研究を経て獲得され，維持される専門的な知識および技術を教員に要求する公共的業務の一種である。また，責任を持たされる生徒の教育および福祉に対して各個人的および共同の責任感を要求するものである」（ILO・ユネスコ「教員の地位に関する勧告」）。教職員がこのような職責にもとづき，自主性，創造性を生かして教育をおこなうには，時間的なゆとりが不可欠です。また，実際問題として，超過勤務禁止原則を撤廃した場合には，長時間労働の歯止めがなくなるおそれが高くなります。

　したがって，現行の超過勤務禁止規定は，そのまま残すべきです。

この場合，超過勤務を命じることのできる例外的な場合をどう定めるかが問題となります。

　現在の「限定4項目」は，さまざまな議論を経て，超過勤務禁止規定の例外として定められたもので，一定の合理性をもつものとして，コンセンサスを得ていると評価することができます。これに加えて例外規定を追加することは，結局のところ，超過勤務の「日常化」を追認する結果になる危険性が大きいと言わざるを得ません。

　他方で，超過勤務命令を認めなければ，超過勤務にたいする時間外・休日手当を請求できないのではないか，という問題もあります。しかし，どのような場合に超過勤務を命じることができるかという問題と，実際に超過勤務をおこなわざるを得なかった場合に当該労働時間にたいする賃金の支払いをどう取り扱うかという問題とは，区別して取り扱うことは可能です。労基法の解釈・適用においても，違法な時間外労働であっても，使用者は実労働時間に応じて時間外・休日手当を支給しなければならないものとされています。

　したがって，例外規定は，現行の「限定4項目」に限定すべきです。

（3）　管理者の労働時間管理義務と「総量規制」

　現行法は，超過勤務を命ずることのできる場合を規定するに際して，「教育職員の健康と福祉」にたいする配慮を求めています（6条2項）。

　この観点からすれば，教職員の健康と福祉の維持のために，管理者が適切な労働時間管理をおこなうことは当然の義務です。「教職員の勤務の特殊性」を理由に，労働時間の管理義務を否定することはもはや許されません。

　そこで，法律で，管理者に教職員の労働時間を管理する義務があることを明記すべきです。

　現在の長時間労働の実態を改善するには，管理者に一般的な労働時間管理義務を課するだけでは不十分であり，「限定4項目」の場合も含めて，労働時間の「総量規制」をおこなう必要があります。

　規制の方法については，「超過勤務禁止の原則」を遵守させるために，労使協定に委ねるのではなく，法律あるいは条例で上限を決めることが望ましく，具体的には，法律あるいは条例で，「教育職員の実労働時間は，1週○○時間を超えてはならない」等の規定を設けるべきです。

上限規制の決定に際して，労働組合との協議・交渉をはじめ，教職員の意見を十分に反映させることは当然です。

（4）　法定労働時間を超えた労働時間と賃金の支払いについて

教職員には時間外・休日手当を支給しないとする現行規定（給特法3条2項）は削除すべきです。

そのうえで，実労働時間が法定労働時間（週40時間）を超えた場合には，労基法37条に準じて計算した賃金を支払う旨の規定を設けます。

この場合に支払う賃金の性格は，労基法上の時間外・休日手当と同一ではありませんが，現実に労働した時間にたいする事後的な精算という性格をもつものです。

（5）　調整給の取り扱いについて

調整給は，「勤務時間の内外を問わず，包括的に評価して支給される俸給」という性格をもつと同時に，導入にさいしての計算根拠にみられるとおり，実態としては，超過勤務手当の一部という性格ももっています。そのため，超過勤務にたいする精算と調整給の取り扱いは一義的に決まるものではありません。

調整給は40年間にわたって支給され，給与の一部となっており，調整給を撤廃ないし減額することについては，抵抗感も強いと予想されます。他方で，教職員の給与にたいする一般国民の評価も考慮しなければなりません。

以上の点を踏まえると，調整給の取り扱いについて，大きくいって2つの方向が考えられます。

①　調整給を時間外手当の一部支給と見て，これを超える時間外労働があった場合は精算する。

②　調整給は時間外労働とは別の給与（事実上の本給）と考え，時間外割増手当は別途精算する。

この点については，民間企業において「管理職手当」を超える時間外労働が認められる場合には，実労働時間で計算した時間外手当と「管理職手当」との差額を支払わせるという取り扱いが定着しています。また，国立大学から独立行政法人への移行にともない，教職員の賃金について同様の取り扱いを定め

た例もあります。

　そうしますと，検討の余地はありますが，①の方向で解決をはかることが現実的かつ妥当ではないかと思われます。

3．法改正にむけた活発な議論を

　教職員の長時間過密労働は，教職員の権利を侵害するのみならず，児童・生徒にたいしてゆきとどいた教育をおこなうゆとりを奪い，教育現場の困難をより深刻なものにしています。

　その意味で，給特法の改正は，教職員の権利を守るのみならず，よりよい教育を実現する条件をつくる課題でもあります。教職員間ではもちろん，父母や地域住民も含めて，法改正の必要性と意義について大いに議論し，理解を広げていくことが重要です。

　法改正の実現に向け，活発な議論を期待するものです。

6．おわりに

　教職員が異常な長時間勤務を強いられながら，事実上無給で勤務しなければならない最大の原因は給特法の存在にあります。

　そこで，この給特法を是非とも改正する必要があります。しかし，多くの国民は教職員が置かれた立場や給特法の問題点を十分に知っているとはいえません。そのため，給特法の改正を主張するだけでは同法の改正を実現することは困難であることも否定できません。そこで給特法の改正を実現するためには，教職員が現在置かれている立場のきびしさや，児童・生徒の健やかな成長，発達をはかるため教育内容を充実させるためにも勤務時間を縮減することが必要であることを世論に訴えかけるとともに，まず，教職員自らが，厳格な時間管理や長時間勤務解消にむけた縮減策など，改正内容を先取りしたさまざまな要求を各地で掲げ，勝ち取ることが重要です。

　同時に，現在の給特法が「原則超過勤務をさせない」としている点の積極的活用も欠かせないことは，すでに述べたとおりです。

　そして，これまでみてきたように，教職員たちは，確実に長時間勤務解消にむけた諸要求を勝ち取りつつあります。

教職員のいのちと健康を守り，文化的な生活を送ることができるようにするためにも，各地で要求を掲げ，たたかいつづけましょう。

注)

1) 公立の義務教育諸学校等の教育職員を正規の勤務時間を超えて勤務させる場合等の基準を定める政令（平成十五年政令第四百八十四号）

2) 2019 年 11 月 26 日参議院文教科学委員会吉良よし子議員の質問に対する丸山局長答弁等

3) 2008 年 9 月 8 日の学校の組織運営の在り方を踏まえた教職調整額の見直し等に関する検討会議「審議のまとめ」。https://www.mext.go.jp/b_menu/shingi/chousa/shotou/052/houkoku/08091011.htm

第3章
健康で働きつづけるために

1. 安全衛生（予防）

1. 生命・身体・健康を守る重要性

　すべて国民は，個人として尊重される（憲法13条）。憲法は，この個人の尊厳を，憲法上の最高の価値として位置づけています。人間として健康に生存する権利は，根源的な基本的人権です。労働者にとって，生命，健康な身体がなければ，労働することも生活することもできないのですから，この権利は憲法上，最大限尊重されるものです。

　人間として健康に生存する権利は，任用された公務員である教職員であっても等しく有するものであり，身分によって変わるものではありません。ところが，第2章で紹介したとおり，文部科学省の調査では，教職員の病気休職者数が増加し，とりわけ精神疾患による休職者数が急増しています。精神疾患による病気休職者は，2019年で5478人に上り，過去最多となりました。懸念されるのは，過去10年5000人の水準で高止まり傾向にあることです。教職員については，近年，ストレスを原因とした疾患による死傷病者数も増加しており，労働の過程で，生命・身体・健康をおかされる危険にさらされているのです。

　そのため，各職場において労災・職業病の防止を労働運動の基本的柱の1つとして位置づけ，この問題を学習し，教宣活動を重視していかなければなりません。そのためにも，メンタルヘルスケアや過労死等の予防に関して，労働基準法（労基法）や労働安全衛生法などの法令を学び，とくに後述する衛生管理者（衛生推進者），衛生委員会，産業医等の各制度を活用してください。

　学習の成果をもとに，事業者（教育委員会）にたいし，実効ある健康確保措

置を講じさせるべきです。生命・身体・健康を守る運動は，労働組合の原点なのです。

2. 労働安全衛生法

（1） 教職員への適用

教職員については，労働基準法上の労働時間規制が適用されます（地方公務員法58条3項）。また，労働安全衛生法も，同法第2章「労働災害防止計画」以外は適用されます（同法58条2項）。

教職員の勤務条件に関する労働基準監督機関の職権は，「人事委員会又はその委任を受けた人事委員会の委員（人事委員会を置かない地方公共団体においては，地方公共団体の長）が行うものとする」（同法58条5項）とされています。任命権者である都道府県知事，政令指定都市や人口15万以上の市長および特別区長（同法7条1項，2項）のもとに置かれる人事委員会（またはその委任を受けた人事委員会の委員），任命権者である市町村長自身が監督機関となるため，しかも労基法違反および労働安全衛生法違反に関する司法警察権限が適用除外とされている（同法58条3項）ため，実効性があるとはいえないのが現状です。

とはいえ，法違反が認められた場合には，人事委員会にたいして勤務条件に関する措置の要求（同法46条）をしたり，人事委員会・任命権者にたいして違反申告（労基法104条，労働安全衛生法97条）をしたりする取り組みも必要です。

（2） 衛生委員会

衛生委員会の設置義務は常時50人以上の労働者を使用している全事業の事業場にあります（労働安全衛生法施行令9条）。事業者は，事業場規模ごとに衛生委員会を設置し，衛生にかかる事項を調査審議させ，意見を述べさせなければなりません（労働安全衛生法18条1項）。

常時労働者の人数は，事業場単位で算出され，非常勤の職員や非正規の職員を含みます。学校は1つの事業場となるのが通常ですので，教職員が50人以上いる学校では，事業場である学校ごとに衛生委員会を設置しなければなりません。

設置義務のない事業場で，委員会を設けている事業者以外の事業者は，衛生

に関する事項について，関係労働者の意見を聴くための機会を設けるようにし
なければなりません（労働安全衛生規則23条の2）。50人未満の学校であって
も，学校または職種（教員，事務職員，給食調理員など）ごとに衛生委員会を設
置させ，教育委員会に設置された「総括衛生委員会」と連携して労働衛生の活
動を実践する取り組みが必要です。学校ごとに衛生委員会を設置しなくても，
地域ごとに設置することが肝要であり，少なくとも自治体全体での衛生委員会
は設置されるべきです。自治体で1つしか衛生委員会を設置しないのであれ
ば，各学校，各地域の教職員の意見が反映されるように委員の数を設定すべき
です。

　衛生委員会の付議事項は，①衛生規程の作成，②衛生計画の作成・実施・評
価・改善，③衛生教育の実施計画の作成，④健康診断等，その結果にたいする
対策，⑤労働者の健康の保持増進措置の実施計画の作成，⑥長時間労働による
健康障害防止対策，⑦精神的健康の保持増進対策などです（同規則22条）。事
業者は，労働者全体の労働時間の状況や職場環境などを把握し，この情報を衛
生委員会に提出して，事業場全体の長時間労働改善やメンタルヘルスの向上に
よる労働者の健康障害の防止をはかるための対策を樹立すべきです。

　衛生委員会は，毎月1回以上の開催が義務づけられています（同規則23条1
項）。しかし，衛生委員会が設置されていない，設置されていても形骸化され
ている事業場もあるので，まずは各事業場に衛生委員会を設置させるべきで
す。その際には，形骸化しないよう，事業者や総括安全衛生管理者は，安全衛
生に関する方針や計画（同規則3条の2）を作成することが必要です。それだ
けでなく，各事業場に設置された委員会を統括する中央安全衛生委員会を設置
する，各事業場にまたがった職種ごとの委員会を設置することも検討したほう
がよいです。

　文科省の調査によれば，2019年時点における公立学校の衛生委員会設置率
は，小学校が89.5％，中学校が87.5％，高等学校が99.7％でした。全日本教職
員組合（全教）の取り組みにより衛生委員会の設置が拡大していますが，事業
者に衛生委員会を開催させるため，どんなに些細な事項であっても，改善すべ
き点を取り上げ，改善がなされたらそれを報告し，実績を明確にすることが有
用です。毎月開催するために，①労使が参加する学習会を開催する，②月間の
重点活動項目や主要テーマ（メンタルヘルス，ノー残業デー，休養室，喫煙対策

等）を決める，③職場を巡視して，過重労働やメンタルヘルス不調の原因を調査する，④アンケートやストレス調査を実施して，各職場で過重労働やメンタルヘルスの問題点を抽出する，⑤安全衛生表彰を実施するなどの工夫が必要です。

労働組合は，衛生委員会を活用し，事業者（教育委員会）にたいし，快適な職場環境の実現と労働者の安全と健康の確保を求めるべきです。

（3）　衛生管理者・衛生推進者

衛生管理者は衛生委員会のメンバーとなります（労働安全衛生法 18 条 2 項 2 号）。

衛生管理者は，常時 50 人以上の労働者を使用する全事業の事業場について，事業者が選任し，その者に衛生にかかる技術的事項の管理をさせなければなりません（同法 12 条 1 項，同法施行令 4 条）。常時使用する労働者が 50 人未満の事業場であっても，10 人以上の労働者を使用していれば，事業者は，衛生推進者を選任しなければなりません（同法 12 条の 2，同規則 12 条の 2）。

衛生管理者は，少なくとも毎週 1 回作業場等を巡視し，設備，作業方法または衛生状態に有害のおそれがあるときは，ただちに，労働者の健康障害を防止するため必要な措置を講じなければならず，これに対応し，事業者は，衛生管理者にたいし，衛生に関する措置をなし得る権限を与えなければなりません（同規則 11 条）。

労働組合としては，組合員が勤務時間内に講習会を受講することを認めさせて衛生管理者（衛生推進者）の資格を取得するとともに，事業者（教育委員会）にたいし，衛生管理者等に選任させることを求めることが重要です。養護教諭に任せておくというのは禁物です。

労働組合から衛生管理者を輩出できないとしても，衛生委員会のメンバーである衛生管理者にたいし，職場を巡視するなどして作業実態を把握し，健康障害の原因を調査するよう働きかけることが重要です。職場巡視により，設備，作業方法または衛生状態に有害のおそれが認められた場合には，衛生管理者がただちに労働者の健康障害を防止するため必要な措置を講じるとともに，衛生委員会で調査審議することを働きかけることも必要です。

衛生管理者と連携・協力していくことが，健康障害防止に有用です。

（4）　産業医

　産業医も衛生委員会のメンバーとなる（労働安全衛生法18条2項3号）ので，連携・協力が必要となります。

　産業医は，常時50人以上の労働者を使用する全事業の事業場について，事業者が選任し，その者に労働者の健康管理事項をおこなわせなければなりません（同法13条1項，同法施行令5条）。常時労働者数が50人未満の事業場は，産業医の選任義務はありませんが，地域産業保健センターの活用の努力義務が課されており（同法13条の2），都道府県ごとに設けられた地域産業保健センターでの産業保健サービスの提供を受けることが求められています。また，複数の小規模事業場が産業医を共同で選任することもできます。文部科学省も，産業医の選任義務のない学校についても，教職員の健康管理等を行うのに必要な医学の知識を有する医師や保健師に教職員の健康管理等の全部または一部を行わせるように努めなければならないとし，この場合，各校ごとに医師を選任するのではなく，教育委員会で産業医の要件を備えた医師等を採用し，複数の公立学校の職員の健康管理を担当させる等の取り組みも有効，としています。

　産業医の職務は，①健康診断，②面接指導，③ストレスチェック，④作業環境の維持管理，⑤作業の管理，⑥労働者の健康管理，⑦労働者の健康保持増進，⑧衛生教育，⑨労働者の健康障害の原因調査・再発防止措置などの事項で，医学に関する専門的知識を必要とするものとされています（同法13条1項，同規則14条1項）。

　産業医は，その職務の履行の確保をはかるため，少なくとも毎月1回作業場等を巡視し，作業方法または衛生状態に有害のおそれがあるときは，ただちに，労働者の健康障害を防止するため必要な措置を講じなければなりません（同規則15条）。産業医の巡視や措置の対象は，作業方法と衛生状態に限られ，「設備」が含まれないことが衛生管理者と異なるので，産業医が衛生管理者といっしょに職場巡視をすることが必要です。

　また，産業医を選任した事業者（学校の設置者）は，産業医に対し，労働者の労働時間の状況など労働者の健康管理等を適切に行うために必要な情報を提供しなければなりません（同法13条4項，同規則14条の2）。産業医は，労働者の健康を確保するため必要があると認めるときは，事業者にたいし，労働者の健康管理等について必要な勧告をすることができます。事業者は，産業医の勧

告を尊重しなければなりません（同法13条4項）。これらの産業医の権限を労働組合の側で活用すべきです。

　ところで，学校に特有の問題として，学校保健安全法23条1項にもとづいて学校医が置かれ，この学校医が産業医を兼務することが少なくありません。しかし，学校保健安全法と労働安全衛生法とでは法律の目的が異なり，学校医と産業医とではその制度趣旨，職務内容や責任，権限が異なります。したがって，学校においても，学校医と産業医を別に選任すべきです。学校医が産業医を兼務したとしても，労働組合は，産業医を兼務する学校医と協議し，産業医としての職責を全うさせるべきです。労働安全衛生法の趣旨を産業医兼務の学校医に理解させる必要があります。

（5）　健康診断

　労働安全衛生法は，事業者にたいし，雇い入れ時と1年以内ごとに1回定期に，医師による健康診断（一般健康診断）を実施する義務を課しています（同法66条）。メタボリックシンドローム対策の一環として，2008年に健康診断の項目が改正され，腹囲やLDLコレステロールが追加されました。

　他方，労働者にも健康診断の受診義務があります（同法66条5項）。多忙を理由に健康診断を受けないのは禁物です。

　健康診断実施後は，事業者は，当該健康診断の項目に異常の所見があると診断された労働者について健康診断の結果にもとづき，当該労働者の健康を保持するために必要な措置について，健康診断がおこなわれた日より3カ月以内に，医師等の意見（就業区分〈「通常勤務」，「就業制限」，「要休業」〉，作業環境管理，作業管理）の意見を聴かなければなりません（同法66条の4，同規則51条の2）。また，事業者は，医師等の意見を勘案し，その必要があると認めるときは，当該労働者の実情を考慮して，就業場所の変更，作業の転換，労働時間の短縮，深夜業の回数の減少等の措置を講じるほか，作業環境測定の実施，施設や設備の設置・整備，当該医師等の意見の衛生委員会等への報告その他の適切な措置を講じなければなりません（同法66条の5第1項）。さらに，事業者は，健康診断の結果，とくに健康の保持に努める必要があると認める労働者にたいし，医師または保健師による保健指導をおこなうように努めなければなりません（同法66条の7）。

教職員の健康を保持し，増進するためには，健康状態を診査し，異常所見を早期に発見して，必要な措置を講じなければなりません。毎年，健康診断を繰り返すだけで何らの事後措置も講じられていないという実態があれば改善すべきです。

　なお，産業医と同様に問題となるのが，学校保健安全法15条にもとづく教職員の健康診断です。労働安全衛生法にもとづく健康診断と検診項目が重複するものもありますが，両方の健康診断を兼ねるのであれば，学校医または産業医は，両者の制度趣旨にもとづく診察をおこなわなければなりません。

（6）　面接指導

　事業者は，1週当たり40時間を超えておこなう時間外労働時間と休日労働時間の合計が1カ月当たりで80時間を超え，疲労の蓄積が認められる者で，面接指導の申し出をおこなった労働者にたいし，医師による面接指導（問診等による心身状況の把握，面接による必要な指導）を実施しなければなりません（労働安全衛生法66条の8第1項，同規則52条の2第1項，52条の3第1項）。また，事業者は，これらの面接指導を実施するため，すべての労働者の労働時間の状況を，タイムカード記録，パーソナルコンピュータ等の記録等の客観的な方法その他の適切な方法により把握しなければならないとされ，週40時間を超える時間外労働時間と休日労働時間の合計が80時間を超えた労働者に対し，当該超えた時間に関する情報を通知することが義務づけられました（法66条の8の3，同規則52条の2第3項，同規則52条の7の3）。

　そして，事業者は，面接指導の結果にもとづき，当該労働者の健康を保持するために必要な措置について，医師の意見を聴かなければならず（同法66条の8第4項），また，医師の意見を勘案し，その必要があると認めるときは，当該労働者の実情を考慮して，就業場所の変更，作業の転換，労働時間の短縮，深夜業の回数の減少等の措置を講ずるほか，当該医師の意見の衛生委員会等への報告その他の適切な措置を講じなければなりません（同法66条の8第5項）。

　さらに，労働安全衛生法により面接指導をおこなう労働者以外の労働者であっても，健康への配慮が必要なものについては，事業者は，面接指導に準ずる措置等必要な措置をおこなうよう努めなければなりません（同法66条の9，同規則52条の8）。

文部科学省は，任命権者や教育庁等にたいし，産業医の活用や保健所等との連携により面接指導を実施する体制を整えることを通知しています（平18.4.3/18ス学1号）。教育現場では2008年度から実施されているところが多く，全教も実施にむけた取り組みをしていますが，未実施の学校もあります。文部科学省の調査によれば，2019年5月1日現在，面接指導体制の整備がなされている事業場は，それぞれ50人以上／50人未満の対比で，小学校92.1％／73.1％，中学校91.9％／72.2％，高等学校99.6％／97.9％でした。

　労働組合としては，未実施の場合にはまず事業者に法定義務が課される例について面接指導を実施させる，法定義務の範囲でしか実施されていない場合には時間外・休日労働時間が1カ月当たり45時間を超える労働者を対象とするなどの拡大をはかる，面接指導を充実させる，その事後措置を適正に講じさせるなどの取り組みが必要です。

（7）　メンタルヘルス対策

　近年，職場におけるストレスによってメンタルヘルス不調に陥る労働者が増加している事態を受け，これを未然に防止するため，2014年の労安衛法改正により「ストレスチェック制度」が導入されました。すなわち，事業者は，1年以内ごとに1回，定期的に，労働者に対し，①職場における労働者の心理的負担の原因，②心理的負担による心身の自覚症状，③他の労働者による当該労働者への支援に関する項目について，医師等による心理的な負担の程度を把握するための検査（ストレスチェック）を行わなければなりません（法66条の10第1項，規則52条の9，52条の10。ただし，50人未満の事業所については当分の間努力義務とされている）。ストレスチェックを実施した場合には，事業者は，検査結果を通知された労働者の希望に応じて，医師による面接指導を実施し，その結果，医師の意見を聞いた上で，必要な場合には，作業の転換，労働時間の短縮その他の適切な就業上の措置を講じる必要があります（法66条の10第3，5及び6項，規則52条の15，同16及び同19）。

　メンタルヘルスケアについては，その対策を樹立しても，これを運用する側のメンタルヘルスに関する知識が乏しければ，制度は機能不全に陥ります。労働者や管理職の教育は欠かせないものです。文部科学省は，「学校教育は教員と児童生徒との人格的な触れ合いを通じて行われるものであり，教員が心身と

もに健康を維持して教育に携わることが肝要であることを踏まえ，以下の方策などにより，教職員のメンタルヘルスの保持等により一層取り組」むよう通知しており（平17.12.28/17初初企29号），メンタルヘルス教育に当たってはこの指針を参照してください。

① 学校における会議や行事の見直し等による校務の効率化を図るとともに，一部の教職員に過重な負担がかからないよう適正な校務分掌を整えること。

② 日頃から，教職員が気軽に周囲に相談したり，情報交換したりすることができる職場環境を作ること。特に管理職は，心の健康の重要性を十分認識し，親身になって教員の相談を受けるとともに，職場環境の改善に努めること。

③ 教職員が気軽に相談できる体制の整備や，心の不健康状態に陥った教職員の早期発見・早期治療に努めること。例えば，管理職は精神性疾患が疑われる教職員に気付いた場合，必要に応じて教育委員会と連携しながら，早めに医療機関への受診を促すなどの適切な対応をとること。

④ 教育委員会においても積極的な学校訪問を通じて，学校の様子や各教職員の状況を的確に把握するよう努めるとともに，一般の教職員に対して，心の健康に関する意識啓発や，メンタルヘルス相談室等の相談窓口の設置について周知を図るなどの取組を推進すること。併せて，管理職に対してメンタルヘルスに対処するための適切な研修を実施するよう努めること。

3. 安全衛生にかかわる労使の義務

（1） 労使の権利義務

労働者は，労災・職業病を予防するため，事業者にたいし，快適な職場環境の実現，労働条件の改善，職場における労働者の安全と健康の確保を要求する権利があります。そして，その内容は，人たるに値するものでなければなりません（労基法1条1項）。この権利は当然に教職員にも保障されています。

一方，事業者側が往々にして主張してくる，労働者の「自己保健義務」は，法律概念ではありません。労働者は健康な心身を保持して労務を提供することが求められるものの，これが法的義務として認められるものではありません（労働安全衛生法上，労災防止協力の責務はあります）。

それでは，事業者には，安全衛生にかかわる義務はあるのでしょうか。労働安全衛生法は，「職場における労働者の安全と健康を確保するとともに，快適な職場環境の形成を促進することを目的」（1条）としています。そして，同法は，事業者にたいし，「労働災害の防止のための最低基準を守るだけでなく，快適な職場環境の実現と労働条件の改善を通じて職場における労働者の安全と健康を確保する」義務を課しています（3条1項）。労災・職業病を予防するため，労働安全衛生法には，前述した衛生委員会などさまざまな事業者が講ずべき措置が定められています。

　事業者は，労基法の労働時間規制を遵守するため，その使用する労働者の労働時間を把握しなければなりません。そして，後述するとおり，労働安全衛生法にもとづく措置を適正に実施するためにも，事業者は労働者の労働時間を把握し，健康を管理する義務を有します。教育現場でいえば，教育委員会が教職員の勤務時間把握および健康管理の義務を負い，この義務を学校長が代行するのです。

　ところが，教育委員会や学校長が労働時間の把握をしていないか，一応はなされていたとしても適正に把握されていない教育現場はいまだに少なくありません。この状況を解消するためには，労使ともに法の定める制度趣旨をふまえた取り組みが必要です。

　労基法上の労働時間把握義務は本書第2章で述べていますので（40頁〜41頁），以下では，労働安全衛生法を遵守するために事業者（教育委員会）が負う教職員の労働時間把握義務について述べることとします。

（2）　衛生委員会における調査審議・意見具申のための労働時間把握義務

　労働安全衛生規則は，衛生委員会の付議事項として，「長時間にわたる労働による労働者の健康障害の防止を図るための対策の樹立に関すること」を定めています（22条9号）。

　この規則は教職員についても適用されますから，事業場全体の長時間にわたる労働による労働者の健康障害の防止をはかるための対策を樹立するためには，教職員の勤務時間や深夜労働等の状況を把握しなければなりません。

　したがって，衛生委員会が適切な調査審議や意見具申（労働安全衛生法18条1項）をおこなうために，教育委員会と学校長は，教職員の勤務時間を把握す

る義務があるというべきです。

（3）　適切な作業管理のための労働時間把握義務

　労働安全衛生法 65 条の 3 は，「事業者は，労働者の健康に配慮して，労働者の従事する作業を適切に管理するように努めなければならない」と定めています。作業管理については，労働者が作業環境や作業そのものから過度の健康への悪影響を受けないように作業を適切に管理することが必要であるため，事業者にたいし労働者の健康に配慮して，労働者の従事する作業を適切に管理する努力義務を課したものです。この「作業の管理」の義務には一連続作業時間と休憩時間の適正化，作業量の適正化等が含まれるというのが行政解釈です。この規定は，教職員についても適用されます。

　ところで，この規定について，過労自殺事案である電通事件・最二小判平 12.3.24（労判 779 号 13 頁）は，「使用者は，その雇用する労働者に従事させる業務を定めてこれを管理するに際し，業務の遂行に伴う疲労や心理的負荷等が過度に蓄積して労働者の心身の健康を損なうことがないよう注意する義務を負う」と判示した法的根拠の一つとしています。すなわち，この最高裁判決は，「労働者が労働日に長時間にわたり業務に従事する状況が継続するなどして，疲労や心理的負荷等が過度に蓄積すると，労働者の心身の健康を損なう危険のあることは，周知のところである。労働基準法は，労働時間に関する制限を定め，労働安全衛生法 65 条の 3 は，作業の内容等を特に限定することなく，同法所定の事業者は労働者の健康に配慮して労働者の従事する作業を適切に管理するように努めるべき旨を定めているが，それは，右のような危険が発生するのを防止することをも目的とするものと解される」との判断を示しています。

　なお，京都市（教員・勤務管理義務違反）事件・最三小判平 23.7.12（判タ 1357 号 70 頁）は，電通事件・最高裁判決が判示した注意義務は「地方公共団体とその設置する学校に勤務する地方公務員との間においても別異に解すべき理由はない」とし，教職員だけでなく，地方公務員についても，「労働者の心身の健康を損なうことがないよう注意すべき義務」が認められることを最高裁として初めて判断しました。

　同法 65 条の 3 は努力義務であるものの，教育委員会と学校長は，労働安全衛生法上，教職員の健康に配慮して作業量を適正に調整するための措置を講じ

る義務があるのであり，条理上，その雇用する労働者に従事させる業務を定めてこれを管理するに際し，業務の遂行にともなう疲労や心理的負荷等が過度に蓄積して労働者の心身の健康を損なうことがないよう注意する義務を負うものです。

教育委員会と学校長は，一連続作業時間と休憩時間の適正化，作業量の適正化をはかるために，すべての教職員について勤務時間の把握をする義務があるというべきです。

（4）　面接指導と事後措置の適切運用のための労働時間把握義務

教職員にも，長時間労働者にたいする医師による面接指導やその結果にもとづく措置（労働安全衛生法66条の8，66条の9）の規定が当然適用されます。

すでに述べたとおり，2018年の労働安全衛生法等の改正により，事業者は，面接指導を実施するため，すべての労働者の労働時間の状況を，タイムカード記録，パーソナルコンピューター等の使用時間の記録等の客観的な方法その他の適切な方法により把握しなければならないとされ，そうした方法により把握した労働時間の状況の記録を作成し，3年間保存するための必要な措置を講じることが義務づけられました（法66条の8の3，同規則52条の7の3）。

2．公務災害（補償）

1．教職員の職務の性質

教職員（教諭）は，児童・生徒の教育をつかさどるものとされており（学校教育法37条11項，49条，62条），その職務の性質上，学校長等の管理職から具体的な指示を受けず，労働時間管理を受けていないのが実態です。福井県立科学技術高等学校事件・名古屋高金沢支判平12.9.8（労判796号63頁）は，「学校教育における教諭は単に与えられた仕事を決められたとおりに処理するような性質の職業ではなく，自立性，自主性が求められる職業である」と指摘しています。

教職員は，給特法6条1項にもとづく政令または条例で限定された例外を除き，時間外労働や休日労働をしないのが給特法の原則です。しかし，現実には多量の校務をこなすために所定勤務時間を超えて勤務しており，しかも自宅に

表1　教師過労死等認定行政訴訟裁判例

年月日	裁判所	基金支部	学校名	疾病	年齢	性別
平 2.2.22	高知地裁	高知県	越知中学校	くも膜下出血	46	男
平 6.7.28	高松高裁					
平 5.2.24	大阪高裁	京都府	京都下鴨中学校	小脳出血	56	男
平 5.4.28	東京高裁	東京都	志村高校	脳出血	53	男
平 5.9.30	東京高裁	東京都	町田高校	心筋梗塞	52	男
平 8.1.23	最高裁					
平 5.12.15	福岡高裁宮崎支部	鹿児島県	牧之原高校	心不全	40	男
平 6.8.29	大阪地裁	大阪府	松原第四中学校	くも膜下出血	47	男
平 8.5.8	名古屋地裁	愛知県	豊正中学校	心筋梗塞	51	男
平 10.10.8	名古屋高裁					
平 8.9.20	宮崎地裁	宮崎県	日向工業高校	脳出血	43	男
平 10.6.19	福岡高裁宮崎支部					
平 8.9.25	千葉地裁	千葉県	匝瑳高校	心筋梗塞	35	男
平 9.10.14	東京高裁	静岡県	吉田高校	脳動静脈奇形破裂	45	男
平 12.1.28	京都地裁	京都府	京都梅屋小学校	急性心不全	39	男
平 13.2.20	大阪高裁					
平 12.9.18	名古屋高裁金沢支部	福井県	県立科学技術高校	脳内出血	49	女
平 13.2.23	盛岡地裁	岩手県	平田小学校	うつ病自殺	29	男
平 13.10.1	札幌地裁	北海道	羊蹄小学校	再発性心筋梗塞	55	男
平 16.1.30	大阪高裁	大阪府	堺市小学校	心原性脳塞栓症	36	男
平 16.9.16	大阪高裁	京都府	宇治市立西小倉小学校	脳出血	43	女
平 19.8.28	仙台地裁	宮城県	仙台市立中山中学校	うつ病自殺	36	男
平 20.2.1	徳島地裁	徳島県	川島小学校	心室細動	38	男
平 20.4.24	東京高裁	静岡県	大東町立土方小学校	うつ病自殺	48	女
平 21.10.27	最高裁					
平 22.3.29	大阪地裁	大阪府	堺市立泉ヶ丘東中学校	うつ病自殺	51	女
平 23.6.29	名古屋地裁	愛知県	豊橋市立石巻中学校	脳出血	42	男
平 24.10.26	名古屋高裁					
平 27.2.26	最高裁					
平 23.12.15	神戸地裁	兵庫県	尼崎市立立花南小学校	くも膜下出血	46	女
平 24.7.5	大阪高裁					
平 23.12.15	静岡地裁	静岡県	磐田市立東部小学校	うつ病自殺	24	女
平 24.7.19	東京高裁					
平 24.2.23	大阪高裁	京都府	京都市立下鴨中学校	うつ病自殺	46	男
平 24.4.23	東京地裁	東京都	都立野津田高校	急性心筋梗塞	39	男

平 24.12.21	鳥取地裁	鳥取県	鳥取市立岩倉小学校	脳出血	47	男
平 25.1.30	広島地裁	広島県	県立因島高校	うつ病自殺	41	男
平 25.9.27	広島高裁					
平 28.2.29	東京地裁	東京都	西東京市立小学校	うつ病自殺	24	女
平 29.2.23	東京高裁					
平 29.3.1	名古屋地裁	愛知県	県立岡崎商業高校	くも膜下出血	42	男
平 30.1.25	名古屋高裁					
令 2.2.17	東京地裁	茨城県	町立中学校	熱中症に伴う急性心筋梗塞	56	男

持ち帰って作業をしていますが，教育委員会や学校長は，給特法のもとでは時間外勤務は発生しないと強弁し，教職員の勤務時間を把握する義務を放棄してきました。

　そのため，多くの教職員が，三六協定もないままに無制限の賃金不払い残業を強いられているのが実態であり，長時間労働に従事して健康状態を悪化させ，過労死も発生しています。管理職を含め，公立学校教諭の過労死を認めた行政訴訟の裁判例は多数に上ります（表1「教師過労死等認定行政訴訟裁判例」）。

　他方，尼崎市立立花南小学校事件・神戸地判平 23.12.15 が判断するとおり，「教職員の公務は，その特質として，多様な児童及び保護者を仕事の対象としているため，児童一人一人に気配りが求められるが，現在は，やる気のある児童が減少する一方で，学校に対するクレームや要求の多い保護者が増加している状況」にあり，「学校公務についても，学習指導，教材研究及び学級運営等に関し，多様できめ細かな内容が要求されるようになって過密化，多様化しており，教職員は，個別の支援の少ない状況で学習指導等の多種多様なカリキュラムに積極的に対応する個人的努力を求められるため，仕事の量的・質的な負担は大きく，多忙な状態となっている」といえます。

　このような教職員の職務の特質をみると，職務遂行の裁量の幅が広いとしても，現実には職務を取捨選択し，その量をコントロールすることはできないのであり，多くの教職員が健康状態を悪化させているのが実態です。

2．地方公務員災害補償制度の概要

（1）組織・手続き

　地方公務員については，地方公務員災害補償法（地公災法）が適用され，こ

の法律にもとづき，公務上の負傷，疾病，障害，死亡（公務災害）または通勤による災害（通勤災害）について補償が実施され（同法1条），また福祉事業（同法47条）がおこなわれます。

　地方公務員が公務災害または通勤災害を受けた場合に，災害を受けた職員（被災職員）またはその遺族等にたいし，被災職員の所属する地方公共団体に代わって必要な補償および福祉事業を実施するため，地方公務員災害補償基金が設置されています（地公災法1条，3条）。

　補償は被災職員・遺族等からの請求にもとづいておこなわれ（傷病補償年金を除く。地公災法45条），公務災害・通勤災害の認定，各種補償等の支給に関する決定およびその支給等の事務は各都道府県および各政令指定都市に設置されている基金の支部長（知事，市長）がおこなっています（同法4条，24条2項）。

　被災職員・遺族等が，基金の支部長にたいし，任命権者を経由して，その災害が公務災害等であることの認定請求をおこなうと，支部長は，公務災害であるかどうかを速やかに認定し，その結果を当該請求をした者および被災職員の任命権者に通知しなければなりません（地公災法45条）。

（2）　補償の種類・内容

　基金がおこなう補償（地公災法24条以下）は，療養補償，休業補償，傷病補償年金，障害補償（年金・一時金），介護補償，遺族補償（年金・一時金），葬祭補償，障害補償年金差額一時金，障害補償年金前払一時金，遺族補償年金前払一時金があります。

　また，金銭給付をもって定型的におこなわれる補償のみだけでなく，被災職員とその遺族の生活の安定，福祉の維持向上をはかるため講じる福祉事業があり，「外科後処置に関する事業，補装具に関する事業，リハビリテーションに関する事業」（地公災法47条1項1号），「被災職員の療養生活の援護，被災職員が受ける介護の援護，その遺族の就学の援護その他の被災職員及びその遺族の援護を図るために必要な資金の支給その他の事業」（同条同項2号）のほか，一般の職員を対象とした公務災害防止事業（同条2項）が実施されています。

（3） 不服申立

a）支部審査会への審査請求

基金の支部長がおこなう補償に関する決定について不服がある場合には，支部審査会（支部に設置。地公災法 52 条）にたいして審査請求をすることができます（同法 51 条 2 項）。審査請求の期間は，支部長の決定があったことを知った日の翌日から起算して 3 カ月以内です（行政不服審査法 18 条 1 項）。支部審査会は，審査請求を審査のうえ，原処分取り消し，請求棄却または請求却下の裁決をおこない，裁決書を審査請求人に送達します（地公災法 51 条 5 項，行政不服審査法 40 条，41 条，42 条）。

後述するとおり，支部審査会の裁決に不服がある場合は，審査会に対する再審査請求あるいは裁判所に対する取消の訴えを提起することができます。また，審査請求をした日の翌日から起算して 3 カ月を経過しても審査請求についての裁決がない場合には，審査会への再審査請求または裁判所への処分取消しの訴えを提起することができます（行政事件訴訟法 8 条 2 項 1 号）

b）審査会への再審査請求

支部審査会の裁決について不服がある場合は，支部審査会の裁決があったことを知った日の翌日から起算して 1 カ月以内に，審査会（本部に設置。地公災法 52 条）にたいして再審査請求をすることができます（同法 51 条 2 項，3 項行政不服審査法 62 条 1 項）。審査会の裁決は支部審査会の場合と同様です（地公災法 51 条 5 項，行政不服審査法 55 条，56 条）。

c）処分取消しの訴え

支部審査会の裁決に不服がある場合または審査会の裁決を経ても不服がある場合は，処分取消しの訴えを提起することができます（地公災法 56 条）。処分取消しの訴えを提起する期間は，支部審査会または審査会の裁決があったことを知った日の翌日から起算して 6 カ月以内です。また，再審査請求をした場合は，審査会の裁決を経る前にも同様に，処分取消しの訴えを提起することができます。

処分取消しの訴えは，地方公務員災害補償基金を被告として，基金本部または支部長の所在地を管轄する地方裁判所に提起します。

3. 地方公務員災害補償基金の問題点

認定手続きについて，近年問題となっているのが，とくに過労死事案において，支部長が本部と協議をするという点です。

まず，長期間にわたり本部からの意見が出されないので，認定までに時間を要するというのが第一の問題です。厚生労働省は，行政手続法上，過労死事案の標準処理期間を6カ月を目途としていますが，基金では支部長の決定がなされるまでに年単位の期間がかかることがめずらしくありません。

次に，支部長が公務上との意見を述べて協議しても，本部が公務外との意見を述べれば，本部の意見にもとづいて公務外認定がなされる事案が数多く見受けられることです。地方公務員全体の数字ですが，支部審査会において，2016年度から20年度までの5年間を見ても，脳・心臓疾患事案では3件，自殺・精神障害事案では18件の取り消しの裁決が出されていることは，基金の支部と本部との協議結果に疑問符が打たれていることにほかなりません。支部長と本部との協議をおこなわず，支部長が自らの判断において公務上外を決定すること，仮に協議をおこなう場合でも，本部は公務上と判断した支部長の意見を尊重することが必要です。

判断が遅いし，救済しないというのは，補償機関としての機能不全に陥っているといえます。基金は，調査・審理体制を抜本的に改めるとともに，地方公共団体に公務災害の申請および調査に必要な書類や資料の提出を義務づけ，迅速かつ適正な判断をすることが求められます。

全教は，他の労働組合などと連携し，基金の制度改善に取り組んできましたが，各地でも支部段階での認定手続きの改善に取り組むことが必要です。

4. 公務遂行性と公務起因性

公務災害は，公務遂行性と公務起因性から判断されます。

（1） 公務遂行性

公務遂行性とは，任命権者の支配管理下にある状況で災害が発生したことをいいます。職務遂行上必要な研修や訓練をおこなっている最中に負傷した場合は公務災害となります。

公務を中断してトイレに行ったり水を飲みに行ったりする途中に負傷をした場合でも，これらは生理的に必要な行為であり，職務に通常ともなう合理的な行為であるから，公務災害となります。休憩時間中でも同様です。しかし，勤務時間中でも職場を離れ，私用電話中に負傷した場合は公務災害とはなりません。

　勤務時間の始めに職務遂行に必要な準備をする，勤務時間の終わりに後始末をするという行為は原則として公務災害となります。たとえば，運動会での準備や後始末は職務そのものですが，教職員が勤務時間の始めや終わりに運動着に着替えている途中で負傷した場合であっても，公務災害となります。

　学校で他の同僚教職員が負傷したり，疾病にかかったりして，この教職員を救助している最中に負傷した場合は，原則として公務災害となります。また，火災，水害，爆発などにより学校に緊急事態が生じた場合，学校施設等の防護活動をおこなうことは，公務に関連することですから，公務災害となります。

　出張中は用務地へ赴き，用務を果たして戻るまでの移動時間や宿泊中も含めた全行程が任命権者の支配管理下にあるものとして公務遂行性が認められます。学校に出勤せずに直行直帰で出張する場合は，自宅を出てから自宅に戻るまで公務遂行性が認められます。出張でホテルに宿泊して就寝中に火災が発生し火傷を負った場合も公務災害となります。部活動の遠征も，任命権者の支配管理下にあると認められれば，出張と同様に公務遂行性があると考えられます。

　学校や教育委員会，自治体の行事に参加している最中の災害については，主催者，目的，内容（経過），参加方法，運営方法，費用負担等を考慮して総合的に判断されます。行事の運営が職務の一環である場合は原則として公務遂行性が認められますが，それ以外の場合は，業務命令があるか，参加が強制されていないかぎり，公務遂行性は認められません。

　近時，民間会社作成の模擬試験の監督をおこなうために，自家用車で自宅から勤務する高等学校に向かう途中に交通事故に遭い，頸椎捻挫などの障害を負った事案につき，茨城県立日立第二高等学校事件・東京高判平23.3.17は，模擬試験は課外授業の一環として位置づけられており，学校長の決裁があるから，模擬試験の監督業務は任命権者である学校長の支配管理下にある業務であり，事故の公務遂行性を認めました。学校長の時間外勤務命令が明示されてい

なくても，任命権者の当該任務への関与・有無や当該任務の実態の両面から，公務遂行性を実質的に判断したことが注目されます。

（2）　公務起因性

　公務起因性とは，公務と災害との間に因果関係が認められることをいいます。

　学校の給食施設の給食による食中毒も公務災害となります。また，施設に欠陥があれば，休憩時間中の私的行為であっても公務災害となります。

　出張中であっても，宿泊先のホテルで泥酔して階段を踏み外したとか，ホテルでチェックインした後に私的な飲食で外出し，そこで負傷した場合などは，公務起因性は認められません。また，学校で宿直勤務をする場合，その時間中は時間的に場所的に拘束されることになりますが，テレビを見るなどの自由行動をしている最中は公務災害となりません。

　生徒や保護者などから殴られて負傷した場合，その暴行が職務に関連して起きたのであれば，公務災害と認められます。ただし，個人的な恨みなど，当事者間の私的関係に原因がある場合は，公務災害とは認められません。公務災害として認められるかどうかは，暴行が起きた事情や経緯，時間や場所，被災職員の職務などから総合的に判断されます。公務中や職場での暴行は，職務との関連が強いとして認められる場合が多いのですが，勤務時間外や生活の場での暴行は，個人的な恨み，私怨によるとみられることが多いです。また，職務が原因でも時間が経過すれば，私怨に転じます。ケンカも，その時点で職務の関連性は失われ，私怨に発展したことになります。ただし，正当防衛は別です。

5．脳・心臓疾患にかかる公務災害

（1）　補償状況

　全教は，これまで過労により死亡した教職員の遺族，健康障害を引き起こした教職員に対する補償を実現するため，公務災害認定闘争に取り組んできました。

　このようなたたかいの結果，前掲の表「教師過労死等認定行政訴訟裁判例」のとおり，被災教諭勝訴判決が集積され，2001年には，「心・血管疾患及び脳血管疾患等の職務関連疾患の公務上災害の認定について」と題する通知（平

13.12.12 地基補 239 号）が発出され，認定指針の基準が緩和されました。2021年には「心・血管疾患及び脳血管疾患の公務上の災害の認定について」とする通知（令 3.9.15 地基補第 260 号）が発出され，さらに，緩和されました。

　しかし，その後の補償状況をみると，2009 年度では，支部長段階で救済したのはわずか 6 件，救済率は 15.4％にすぎません。協議件数が同じ 30 件台の2000 年度は救済件数が 13 件，救済率が 32.5％ですから，2001 年の認定指針改訂後，むしろ改定前よりも認定件数や認定率が大幅に下回っています。ただ，2010 年度は公務上認定件数が 10 件であったものの，全体数が少なかったこともあり，認定率が 40.0％となっています。いずれにしても，民間労働者の「業務上」の認定件数および認定率と比べて，地方公務員は認定件数および認定率ともに大幅に低いのであり，「官民格差」が顕著となっています。

　これでは認定指針の改定の趣旨を没却することになり，基金の補償実施機関としての存在意義が問われます。

（2）　時間外勤務

　認定指針は，①発症前 1 週間程度から 2〜3 週間程度にわたる特に過重で長時間に及ぶ時間外勤務をおこなっていた場合，②発症前 1 カ月程度にわたる過重で長時間に及ぶ時間外勤務（発症日から起算して 1 週当たり平均 25 時間程度以上の連続）をおこなっていた場合，③発症前 1 カ月を超える過重で長時間に及ぶ時間外勤務（発症日から起算して 1 週当たり平均 20 時間程度以上の連続）をおこなっていた場合に，脳・心臓疾患を発症させる可能性があるとしています。

　教職員については，学校長の明示的な時間外勤務命令がないことが多く，タイムカードなど労働時間の記録がないので，通常，公務の量（労働時間）を立証するのは困難とされています。

　この点につき，豊橋市立石巻中学校事件・名古屋地判平 23.6.29 は，「教育職員が所定勤務時間内に職務遂行の時間が得られなかったため，その勤務時間内に職務を終えられず，やむを得ずその職務を勤務時間外に遂行しなければならなかったときは，勤務時間外に勤務を命ずる旨の個別的な指揮命令がなかったとしても，それが社会通念上必要と認められるものである限り，包括的な職務命令に基づいた勤務時間外の職務遂行と認められ，指揮命令権者の事実上の拘束力下に置かれた公務にあたる」とし，さまざまな校務分掌だけでなく，土曜

2021 年認定基準改正のポイント

2021 年 9 月 15 日，約 20 年ぶりに脳・心臓疾患の公務災害認定基準が改正されました。

改正のポイントの第 1 は，「月の時間外労働時間 80 時間（1 週当たり平均 20 時間程度）」という過労死ラインが，維持されたことです。しかし，これは現在の医学的知見とは合致しません。WHO（世界保健機関）が 2021 年 5 月に公表した報告書では，週 55 時間以上働くと，週 35〜40 時間働く場合にくらべ，脳卒中で 35 %，虚血性心疾患で 17 %死亡リスクが上がる，とされています。週 55 時間の労働とは，時間外労働時間でいうと月 65 時間程度に相当します。医学的知見からみれば，過労死ラインは時間外労働月 65

日や夏休みの陸上部の指導，日曜日の地域クラブ活動の指導，学校祭前夜の夜警なども公務と認め，これらの公務に従事した精神的緊張や長時間労働により脳出血を発症したと判断しました。この「包括的な職務命令に基づく勤務時間外の職務遂行」という認定は最高裁でも維持されました（最高裁平 27.2.26）。

その他の裁判例も，児童・生徒が在校している間は十分な休憩・休息がとれず，給食の時間も教育の一環であり，広範な校務による深夜や休日にわたる長時間労働について，勤務時間に関する記録が不十分ながら認定し，休日や休暇を取得しての休養が十分できなかったことも認定しています。さらに，自宅持ち帰り残業については，テストの採点，授業・教材の準備，通知表の作成，校務分掌等の自宅作業を認定しています（京都下鴨中学校事件，志村高等学校事件，京都梅屋小学校事件，福井県立科学技術高等学校事件，堺市小学校事件，宇治市立西小倉小学校事件，尼崎市立立花南小学校事件など）。

（3） 公務の質

裁判例は，学級担任や教科指導，生徒指導，さまざまな学校行事や校務分

時間程度に引き下げることが必要です。

　改正の第2のポイントは，過労死ラインに至らない場合も，労働時間外の負荷要因を総合評価して，勤務と発症の因果関係を認めることができるとした点です。つまり，過労死ラインに至らない場合でも，「これに近い時間外勤務が認められ，これに加えて一定の勤務時間以外の負荷が認められるとき，職務と発症との関連が強いと評価できる」と明記しています。「これに近い時間外勤務」の具体的な時間数は明らかにされていませんが，おおむね時間外労働月65〜70時間程度と考えられます。また勤務時間以外の負荷要因には，不規則な勤務時間（拘束時間の長い勤務，休日のない連続勤務，インターバルの短い勤務，交代制勤務，深夜勤務等），事業所外での移動を伴う勤務，心理的負荷を伴う勤務，身体的負荷を伴う勤務，過酷な勤務環境など具体的に挙げられています。しかし挙げられている負荷要因も一例であって，今後はこれらの負荷要因に限定することなく，労働時間とそのほかの負荷要因による適切な総合的評価が行われる必要があります。

掌，クラブ活動について，教育現場の実態に照らし，これらの校務が重なり合って恒常的に負荷があったことを認めたり，進路指導や生徒指導などはそれ自体が精神的緊張をともなうものであることを認めたりして，教職員が従事する公務の質的過重性を認定しています。

　豊橋市立石巻中学校事件・名古屋地判は，①部活動指導が肉体的・精神的負荷をともなうものであった，②数学の教科指導，学級担任，生徒指導主事，安全教育主任，防火・施設担当，交通指導担当および営繕担当などの多種多様な職務を遂行していたことによる恒常的な肉体的・精神的負荷にも相当に強いものがあった，③進路指導主事は多大な精神的緊張をともなう職務であった，④生徒指導主事は肉体的・精神的負荷の非常に強い職務であったなどと認定しています。

　また，被災職員の誠実な勤務態度や熱意ある丹念な指導を認定する裁判例が多くあります。

　このような視点の違いが，司法判断によって基金の処分が取り消される原因となっているものです。

6. 精神障害および自殺にかかる公務災害

（1） 認定指針

a） 認定指針の改定

わが国では，精神疾患による自殺，病休がふえており，民間でも地方公務員においても，脳・心臓疾患による認定申請数よりも精神疾患による申請数が上回る状況が続いています。

地公災は，1999年認定指針をおよそ10年ぶりに改訂し，2012年3月16日「精神疾患等の公務災害の認定について」（認定指針・地基補第61号）を発出しました。また「『精神疾患等の公務災害の認定について』の実施について」（実施指針・地基補第62号），「精神疾患などの公務起因性判断のための調査要領について」（地基補第63号）も同時に発出しています。

新認定指針では，精神障害として公務災害認定される要件は，①認定基準の対象となる精神障害を発病していること　②認定基準の対象となる精神障害の発病前おおむね6カ月の間に，業務により強度の精神的または肉体的負荷を受けたことが認められること，③業務以外の負荷や個体側要因により発病したとは認められないこと，としています。

①の認定基準の対象となる精神疾患とは，ICD-10（国際疾病分類第10回修正版）第5章「精神および行動の障害」に分類される精神障害です（認知症や頭部外傷，アルコールや薬物による場合は除く）。代表的なものはうつ病，急性ストレス反応などです。

②の「強度の精神的又は肉体的負荷を与える業務」とは具体的には，ア「人の生命にかかわる事故への遭遇」，イ「その他強度の精神的又は肉体的負荷を与える事象」とされています。このうちイについては，認定指針は12項目の具体例を挙げています。その中には長時間労働にかかわる例が含まれています。すなわち「発症直前1か月におおむね160時間を超えるような，又は発症直前3週間におおむね120時間以上の時間外労働を行った場合」（第4項），「発症直前の連続した2カ月に1月当たりおおむね120時間以上の，又は発症直前の連続した3カ月に1月当たりおおむね100時間以上の時間外労働を行った場合」（第5項），「発症直前の1か月以上の長期にわたって，質的に過重な業務を行ったことなどにより，1月当たりおおむね100時間以上の時間外勤務

を行ったと認められる場合」（第6項）です。

認定指針にあげられている12項目の具体例は，それだけで「強い負荷」に該当するものです。しかし，時間外勤務についての「強い負荷」と認められる基準は，160時間，120時間，100時間等，極めて長時間の時間外勤務が前提となっており，あまりにハードルが高すぎると言えます。

b）　実施指針について

認定指針の具体的運用を定めた実施指針（地基補第62号）は，業務による負荷の検討のために「業務負荷の分析表」を定めました。大きく分けると①事故や災害の体験，②仕事の質・量の変化，③役割，地位の変化等，④業務の執行体制，⑤仕事の失敗，責任問題の発生等，⑥対人関係などの職場環境，⑦住民等との公務上での関係であり，これらの項目ごとに過重な負荷となる可能性のある業務例を挙げ，さらに着眼する要素を挙げています。

時間外勤務では，認定指針で挙げられる時間外の水準には達していない場合，それだけでは「強い負荷」とは言えませんが，長時間労働の原因となった出来事などの過重性と関連して検討し，「業務負荷の分析表」の着眼する要素を参考に，その過重性を評価することとしています。また時間数だけではなく，時間外勤務の時間帯，不規則性，実質的睡眠時間の確保などの状況も考慮する，としています。

さらに対人関係などの職場環境の中には，近年問題となっているパワハラ，セクハラを要素に挙げています。

教職員に関連して言えば「業務負荷の分析表」の「過重な負荷となる可能性のある業務例」で①児童・生徒から激しい暴行を受け負傷した場合，②児童・生徒の悲惨な事故死に遭遇した場合，③保護者から人格や人間性を否定するような嫌がらせ，いじめまたは暴行を受けた場合，④周囲のサポートが不十分ななか，問題のある生徒の行動の改善や困難なクラス運営への対応に当たらなければならなかった場合があげられています。

（2）　認定事例

基金は，認定指針の改定に先立ち，2010年3月，「精神疾患等に係る公務災害の認定に関する想定事例集」を編集しています。

この「想定事例集」では，教職員の認定事例として，①小学校の教諭（40代

男性）が，約半年にわたり，校長から，集中的かつ執拗に，怒鳴りつけられたり，人格を傷つけるような発言をされたりして指導の範囲を超えたきびしい叱責されたことにより，うつ病エピソードを発症して自殺したケース，②小学校の教諭（20代女性）が，児童の「いじめ」問題をめぐり半年にわたり保護者への対応をおこなってきたものの，解決の見通しが立たず，対立する保護者の板挟みとなり，双方の保護者から非難や罵声を浴びせられたことにより，不眠等の症状が出現し，抑うつ状態を発症したケースが紹介されています。

（3）　裁判例の傾向

　前掲の表「教師過労死等認定行政訴訟裁判例」のとおり，近年，教職員の自殺事案の公務起因性が認められた裁判例が集積してきました。2007年以降はむしろ自殺事案のほうが多く，増加傾向にあるといえます。

　以下では，裁判例の特徴を紹介します。

a）　大東町立土方小学校事件の意義

　大東町立土方小学校事件は，養護学級担任の教諭が体験入学実施による未経験の異常事態との遭遇と精神的な重圧を原因としてうつ病を発症し，復職間近にうつ病が重症化して自殺した事案です。一審の静岡地判平19.3.22は公務との因果関係を否定しましたが，控訴審の東京高判平20.4.24（労判998号57頁）は公務との因果関係を肯定しました。この判断は最三小決平21.10.27でも支持されました。

　東京高裁判決は，「気分障害は，心身症や神経症に対して主に内因によるものに分類されるが，特殊な遺伝疾患ではなく，普通の体の病気である」，「うつ病は，精神症状を主とする体の病気であり，うつ病の症状は，脳内のモノアミン含量の減少や活性の低下と関連性があると一般的に考えられており，特にセロトニンとノルアドレナリンの関与が高い」と，二度もうつ病が「体の病気」であることを強調しています。精神障害も，脳・心臓疾患や頸肩腕障害，腰痛などと同様に，公務災害の認定に当たって「普通の体の病気」であることを前提とすべきこととなりました。

　また，東京高裁判決は，被災職員は「まじめで几帳面であり，教員としての責任感，使命感が強く，養護教育に携わることを自分の使命と受け止めて真摯に職務に取り組んできており，本件体験入学の実施にも正面から取り組んだ

が，物事に柔軟に取り組むことが苦手であり，本件体験入学実施により，それまで経験していなかった尋常でない事態に次々と遭遇し，精神的にこれに付いていくことができず，体験児童を包容力を持ってやさしく受け入れてやることができなかったのであって，その結果，それまで20年間培ってきた教員としての存立基盤が揺らぎ，教員としての誇りと自信を喪失し，精神的に深刻な危機に陥ることとなった」とし，個体側要因がありながらも，ベテラン教諭が体験入学実施による精神的重圧を受けたことを直視して公務起因性を認めました。

ｂ）　新規採用者の過重性評価

磐田市立東部小学校事件・静岡地判平23.12.15は，新規採用教諭が4年生の担任を受け持ったところ，このクラスには話を聞くことができない児童や他の児童を叩くなどの問題行動のある児童が複数名存在しており，ある児童が被災職員の指導に従わないほか，被災職員の気づかないところでいじめをおこなっており，授業が上手く機能せず，落ち着かない状況が恒常化していたことから，新規採用の被災職員にとって，「緊張感，不安感，挫折感等を継続して強いられる客観的にみて強度な心理的負荷を与えるものであった」と判断しています。静岡地裁判決は，ベテラン教職員にとっては対処可能な問題であっても，教職員としても社会人としても経験の浅い新規採用者には過重であったことを直視したものであり，妥当です。

ｃ）　職場の支援・協力

教育現場に限らず，民間職場においても，従前より長時間労働の実態はありましたが，現在のメンタルヘルス不全の増加は，「職場の人間関係の悪化」が重要な原因の1つとなっています。職場で対立関係がなくても，周囲のサポート態勢が弱まり，若年労働者を中心に孤立化しているのです。

東京都教職員互助会三楽病院精神経科の調査によれば，教師の職場内ストレス要因のうち，生徒指導が一番多く，保護者対応も含めると半数近くとなり，休業群では6割に上ります。次に多いのが同僚・管理職との関係であり，生徒指導や保護者対応によるストレスに職場の人間関係によるストレスが加わると，休業する割合が増加します。逆にいえば，職場の人間関係が良好であり，同僚・管理職の支援・協力が得られるのであれば，ストレス要因に暴露されても休業のリスクが減少するのです。

この点につき，裁判例ではどのような判断がなされているのでしょうか。

堺市立泉ヶ丘東中学校事件の被災職員はベテラン教諭ですが，大阪地判平22.3.29 は，学級・学校崩壊した環境で勤務をし，生徒から暴力等を受けたり，宿泊訓練で疲労困憊したりしつつも，学校側からの支援・協力をする態勢が不十分であったことが，業務による心理的負荷を増大させる，あるいは軽減させないものとして評価しています。裁判例でも，学級崩壊や生徒の暴行，宿泊訓練での疲労とともに，職場のサポートがなかったことを複合的な要因として評価しています。そして，ここで重要なのが，大阪地裁判決は，心理的負荷を生じさせる出来事が発生した後，それにともなう問題や変化への対処という場面で支援や協力があったかどうかを判断しているのではなく，通常の日常業務を遂行する場面で支援・協力が得られなかったことを重視している点です。

一方，新規採用教諭について，磐田市立東部小学校事件・静岡地判は，「一般に新規採用者は職務に関する知識・経験等が不十分であり，職務により受ける精神的・肉体的負荷も同様の職務に従事する他の者に比して過重なものにならざるを得ないことから」「(新規採用) 教員に対して組織的な支援体制を築き，他の教員とも情報を共有した上，継続的な指導・支援を行うことが必要である」とし，「少なくとも管理職や指導を行う立場の教員を始めとして被災職員の周囲の教員全体において 4 年 2 組の学級運営の状況を正確に把握し，逐次情報を共有する機会を設けることが最低限必要であり，問題の深刻度合いに応じてその原因を根本的に解決するための適切な支援が行われるべきであったにもかかわらず」，情報は共有されず，支援もおこなわれなかったと認定しました。

ベテランであるか新人であるかにかかわらず，問題を抱えている教職員が置かれている状況を具体的に把握し，職場内での支援・協力がなされることが必要です。

d) 将来の公務の予定にたいする不安

仙台市立中山中学校事件は，学級担任，生徒会指導，部活動指導と免許外の科目を担当し，それにより月 100 時間を超える時間外勤務をしただけでなく，全国大会実行委員会総務部長への就任が予定されており，これらの公務による心理的負荷が原因となってうつ病を発病して自殺した事案です。仙台地判平19.8.28 (判時 1994 号 135 頁) は，被災職員は「総務部部長に正式に委嘱を受ける以前から，同年 7 月における職務の状況を把握しており，この時期が近づく

につれて，次第に不安感，重責感が募り，それが多大な精神的負荷となっていた」と判断しています。

一方，大東町立土方小学校事件・東京高判は，復職の予定につき，被災職員は「専門科医による治療を受けて一時的に改善の兆しが見られたものの，職場復帰の日が近づくにつれて病状が悪化し，無力感，劣等感，自責の念，罪責感，自信喪失等により，職場に復帰するのがつらく，自ら命を絶つことで楽になりたいと思い詰めて」，「復職間近になって重症化し，うつ病に基づく自殺企図の発作によって自殺した」と判断しています。

このように裁判例は，将来の公務上の予定（被災職員の復職も含む）にたいする不安，焦燥も心理的負荷の評価において考慮しているのです。

基金は，このような事情を考慮していないのであり，考慮事情の範囲を狭めていることが司法判断において基金の処分が取り消される一因になっているというべきです。

e） うつ病・自殺との因果関係

堺市立泉ヶ丘東中学校事件・大阪地判は，大学時の精神障害による自殺企図や入通院治療の既往歴，うつ病に親和的な性格傾向があったとしても，「結婚後，精神疾患を再発させることなく過ごし，教師としても，20年余りの間，軽減措置を取られることもなく勤務し，十分な実績を上げていた」ことをふまえると，被災職員の「反応性及び脆弱性が，教師としての日常勤務に支障を生じさせるほどのものであったとは認められ」ないと判断しています。通常の日常業務を支障なく遂行しているとの事実が認められるから，被災職員が，その公務に従事する以前に，確たる発症因子がなくても個体側要因の自然経過により精神障害を発病させる寸前であったとは認められないからです。

また，この大阪地裁判決は，うつ病を発病して休暇を取得してから自殺するまで約11カ月間経過したことが「不自然に長いということもできない」として公務との因果関係を肯定しました。うつ病が遷延した挙げ句に自殺したとしても，そのうつ病が公務による心理的負荷が原因で発病したものであり，公務以外のストレス要因が自殺という結果を招来させたのでなければ，原則として公務との因果関係が肯定されるべきであることを明らかにしたものです。

第4章
教育の自由と学校のあり方

1. 教員の教育の自由

1. はじめに

　教育には「創意工夫」が必要だとか，自主性・自律性，創造性が求められるといわれます。他方で，「学習指導要領は，学校教育法等にもとづき，全国的に一定の教育水準を担保する観点から文部科学大臣が公示する教育課程編成の基準であり，法的拘束力をもっています。したがって，示された内容はすべての子どもに確実に指導しなければなりません」と，学習指導要領は法的拘束力のある法規であり，学習指導要領に抵触する教育は「違法」となって懲戒処分の対象となるかのような説明が教育委員会などによってなされることがあります[1]。教員にとって，学習指導要領に規制され，懲戒処分の威嚇のもとに，「教育の自由」の保障どころか萎縮を余儀なくされつつ教育に携わるなかで，「創意工夫」や自主性・自律性，創造性を発揮したりできるのか，考えてみたいと思います。

2. 教育という営みはどういうものか

　「教育は国家百年の計」といわれることがありますが，そこには，教育が社会や国家の形成にとって重要な意味をもつことが込められています。将来の社会や国を担う人間（おとな）を獲得するために，子どもにどういう教育が必要かという観点です。

　そして，そこでは，教育制度，主として公教育を担う学校制度のあり方をめぐって議論されることが多いように思います。

他方で，教育を受ける側の子どもが成長発達する可能性をもった存在であり，その成長発達はどのように成しとげられていくのか，子どもの発達にとって，外からの働きかけである「教育」のもつ意味を考えていく視点があります。そこでは，子どもが，生まれたときからまわりとの関係のなかで，次第に関係を広げながら「学び」，けっして直線的にではなく試行錯誤を繰り返しながら発達していく存在であり，一人一人の発達段階を尊重したかかわりによって，その子がもっている発達の可能性を十全なものとして実現できると考えられます[2]。

　この子どもが成長発達する可能性をもった存在であることに即して，子ども時代に子ども固有の権利を保障する必要があるという視点が生まれ，ジュネーブ子どもの権利宣言（1924年），国連「子どもの権利宣言（「児童の権利宣言」）」（59年），国連子どもの権利条約（84年）が採択され，そこでは，子どもの教育を受ける権利・学習権が，子どもが成長発達する可能性を保障するために不可欠のものとして意識され，盛り込まれています[3] [4]。

　歴史的にみると，子どもが放置されていたり，おとなになるためのしつけの対象と捉えられていた時代から，産業革命を支える労働者に育てるための教育が必要だという時代を経て，子ども固有の権利としての教育を受ける権利の時代へと変化してきたことになります。そして，教育を受ける権利に対応した公教育・学校のあり方が問われる時代になってきています。

　上述の「教育は国家百年の計」というとき，子どもの権利を視野に入れているときとそうでないときとでは大きな違いが出てきます。

　かつて戦前のわが国では，富国強兵をすすめるために，教育勅語により国民が身につけるべき価値意識や道徳意識を植えつけ，天皇制国家を支えるのに必要な人材を育成するための教育へと突きすすんでいきました。そこには，子どもが成長発達する可能性をもった存在であることや，子ども固有の権利としての教育を受ける権利・学習権という視点はありませんでした。教育内容は国家が決め，教員には教育内容を決定する自由も権限もありませんでした。

3．教員の「教育の自由」の契機と意味

（1）「教育条理」上の意味（「教員の地位に関する勧告」に表れたもの）

　子どもが成長発達する可能性をもった存在であることを前提として，その発

達に即してふさわしい教育をおこなうには，一人一人一様でない発達段階にある子どもの発達と向き合い，発達しようとしている子どもの内面に働きかけていくことになります。そのうえで子どもの成長発達の可能性を，その子に即して最大限に保障していくことが求められるのですから，子どもの発達についての専門的な理解や，働きかけ方についての専門的なスキルが必要です。子どもの成長発達を保障する教育に関する権利を実現する公教育の場となっている学校で働いている教職員には，このような専門的な理解やスキルに関する専門性が求められます。そして，その専門性を発揮するには，不断の専門性向上の努力と，専門性に即した裁量・職業上の自由の保障が不可欠です。逆に言えば，このような意味での専門性を教職員に保障することが，公教育の場で子どもの教育に関する権利を実現するために不可欠だということです。

　この点について，ILO・ユネスコの「教員の地位に関する勧告」(66年) が参考になります。この勧告は，教育に関する権利を定めた国連の世界人権宣言の26条などをふまえ，教育の進歩における教員の不可欠な役割や，「人間の開発および現代社会の発展へ」の教員の貢献の重要性の認識に立って，教員にこの役割にふさわしい地位を保障する必要があることを指摘していますが，この勧告は各国の教育事情に共通の問題を解決する視点でなされたものでもあります。

　「教員の地位に関する勧告」は，6項で，「教育の仕事は専門職とみなされるべきである」とし，「厳しい，継続的な研究を経て獲得され，維持される専門的知識および特別な技術を教員に要求する公共的業務の一種である」として，教員が専門職であることを述べ，同時に，教員に，「責任をもたされた生徒の教育および福祉に対して，個人的および共同の責任感」を求めています。あわせて，教員が，効果的な学習を最もよく促進し，その職業的任務に専念することができる労働条件の保障を求め (8項)，教員が担う教育の必要に見合った地位と，教育職にたいする正当な社会的尊敬の重要性が認識されるべきだとされています (5項)。

　そして，「教員の地位に関する勧告」は，61項で，「教育職は専門職としての職務の遂行にあたって学問上の自由を享受すべきである」とし，「教員は生徒に最も適した教材および方法を判断するための格別の資格を認められたものであるから，承認された計画の枠内で，教育当局の援助をうけて教材の選択と採用，教科書の選択，教育方法の適用などについて不可欠な役割を与えられる

べきである」として，教員の学問上の自由を保障し，生徒にもっとも適した教材や教育方法を判断する格別の資格にふさわしく，どういう教材・教科書を使うのか，どういう教育方法をとるのかについての教員の判断を尊重することを求めています。

また，「教員の地位に関する勧告」は，教員の専門性を維持するための，現職教員の継続教育の重要性についても指摘しています（31項以下）。この教員の継続教育は教員団体と協議して多岐にわたる手段を準備し，教員養成機関，科学・文化機関，教員団体が参加するものであることを求め（32項），教員が資格を向上させ，担当教科や教育分野の内容・方法についてもっとも新しいものを常に身につけるための講習または他の適当な便宜・書物その他の資料を利用できるようにする諸手段が講じられることを求め（33項），継続教育を目的とする国内外の旅行の奨励・援助（36項）や研修休暇（95項）の制度を求めています。

さらに，63項では，公教育を担う学校制度のもとで，その専門性や教育の質を担保するための視学・監督制度についても，「教員がその専門職としての任務を果たすのを励まし，援助するように計画されるものでなければならず，教員の自由，創造性，責任感を損なうものであってはならない」と，教員の自由，創造性を確保することが重要であることを確認しています。

「教員の地位に関する勧告」は，このように教員の専門職性に由来する，学問上の自由，継続教育・研修，教員の自由・創造性を確保することが重要であり，これらは子どもの教育に関する権利を実現するために不可欠だということを示しているのです。

（2） 憲法・教育基本法上の位置づけ

戦後，天皇制国家から国民主権国家への転換がなされ，議会制民主主義，基本的人権尊重主義，平和主義の憲法のもとで，教育においても，戦前・戦中の皇民化教育や軍国主義教育を廃し，自由と民主主義の教育を実現するための基本的な方向が示されました。

憲法には，26条に教育を受ける権利・教育を受けさせる義務・義務教育の無償を規定しましたが，教育の基本的な方向の多くは教育基本法（教基法）に枠組みが規定されました。もっとも，憲法のなかにも，23条の学問の自由，

25条の生存権，13条の個人の尊厳・幸福追求権など，教育に関連すると考えられる規定もあります。

　教基法（47年）は，憲法の理想[5] の実現が「根本において教育の力にまつべきもの」という認識に立って，「個人の尊厳を重んじ，真理と平和を希求する人間の育成を期す」（前文）とし，1条で，教育は「人格の完成をめざし」，「平和的な国家及び社会の形成者」の育成を目的とするとします。このような目的のもとでおこなわれる教育を受ける権利が憲法26条で保障され，教育の機会均等条項（教基法3条）で保障を確実なものにしていくと考えたのです。そしてこの目的達成のためには，「学問の自由」や「自発的精神」が重要であるとされています（2条）。

　また，6条2項では，教員の身分の尊重と待遇の適正の確保とともに，「国民全体に対し直接に責任を負う」（10条1項後段）教育を担う学校の教員に，「全体の奉仕者」としての自覚にもとづく職務の遂行を求めています[6]。

　他方で，47年教基法10条は，教育を達成するための国家・教育行政の役割について，「教育は，不当な支配に服することなく」おこなわれなければならず（1項），「教育行政は，……教育の目的を遂行するに必要な諸条件の整備確立を目標として」おこなわれるべき（2項）ことを示して，限界を明示しています。そこでは，国家や教育行政が，たとえば学習指導要領などにより，教育内容に介入して，教員の教育活動を統制・管理することの当否が問題になってきます。

　このような47年教基法のもとで，学習指導要領を根拠に作成された全国一斉学力テストや，教科書検定基準に学習指導要領が用いられた教科書検定をめぐる裁判において，教員の教育の自由・教育権が議論されました。これらの裁判での「国家の教育権」対「国民の教育権」という論争のなかで，国民の教育権の立場から，子どもの学習権を保障し，教育内容や教育方法についての国・教育行政の権限を限界づける論拠として，教員の教育の自由・教育権が位置づけられたのです[7]。

　最高裁は，旭川学力テスト大法廷判決・昭51.5.21（判時814号33頁。以下「旭川学テ大法廷判決」といいます）で，「国民の教育権」か「国家の教育権」かという点については「いずれも極端かつ一方的」と，どちらかの全面的な採用はできないとしました。そのうえで，憲法26条には，「みずから学習すること

のできない子どもは，その学習要求を充足するための教育を自己に施すことを大人一般に対して要求する権利を有するとの観念が存在し」，「子どもの教育は，教育を施す者の支配的権能ではなく，何よりもまず，子どもの学習をする権利に対応し，その充足をはかりうる立場にある者の責務に属するものとしてとらえられている」とし，限定的にですが，「教師の教授の自由」が憲法23条の学問の自由に含まれることを認めました[8)][9)]。

　旭川学テ大法廷判決は他方で，国にも，「必要かつ相当と認められる範囲において，教育内容についてもこれを決定する権能」を認めましたが[10)]，教育内容にたいする国家的な介入は「できるだけ抑制的であることが要請され」，とくに「子どもが自由かつ独立の人格として成長することを妨げるような国家的介入，例えば，誤った知識や一方的な観念を子どもに植えつけるような内容の教育を施すことを強制するようなことは憲法26条，13条の規定上からも許されない」と，その限界を示しました。

　また，学習指導要領については，教育行政機関が法律を適用する場合にも「不当な支配」にならないように配慮しなければならない拘束を受けていることを前提に，創意工夫の尊重や教育の地方自治の原則も考慮して，「教育における機会均等の確保と全国的な一定の水準の維持という目的のために必要かつ合理的と認められる大綱的なそれにとどめられるべき」だとしました[11)]。

4．教育改革の動きのなかで

（1）　06年教育基本法「改正」のなかで

　90年代に入って冷戦が終結し，国際的な資本の競争が激化し，グローバル社会といわれる状況への対応の必要から，2000年ごろから，構造改革など新自由主義的改革が始まって，フリーターなどの不安定雇用によって国際競争力を強化しようとする経済活動が展開され，格差社会が形成されていきました。このようななかで，日本が国際競争に勝ち抜くための人材育成のための教育「改革」が経済界などから要請され（たとえば2000年1月の「21世紀日本の構想懇談会報告」），エリート選別の能力主義教育や，新保守主義的観点もあわせて規範意識を植えつけ従順な国民を育てる教育が求められ，学校運営を校長のリーダーシップのもとに一元化して教職員を管理・統制し，学校選択制により学校間の競争を強いる「改革」がすすめられました。「教育改革国民会議」（2000

年）が，同様の方向での 47 年教基法の「改正」を求めたのに端を発して同法「改正」の動きが具体化しました。これには，子どもの教育に関する権利の観点から「改正」に反対する国民各層からの多くの意見がありましたが，06 年 12 月「改正」法が成立しました[12]。

　そこでは，「達成するよう行われる」教育の目標（2 条）に，「伝統と文化を尊重し」，「我が国と郷土を愛する……態度を養う」などとして，愛国心教育など内心に踏み込んだ教育を可能とするものとなりました。また，教育が「不当な支配」に服さないこととする規定（16 条 1 項）は，「（教育は）法律の定めるところにより行われる」とされ，法律をとおしての，教育の独立性，自主性・自律性への影響が懸念されました。学校では「体系的な教育が組織的に行われる」（6 条 2 項）としたことや，47 年教基法の，教員の「全体の奉仕者」規定や「教育の直接責任」規定の削除の影響も懸念されました。

　この 06 年教基法を受け，07 年には，教育「改革」の基本枠組みをなす関連主要 3 法（学校教育法，教育職員免許法，地方教育行政組織法）の改正がなされました。

　とくに，学校教育法関係では義務教育の目標規定が設けられ（21 条），「我が国と郷土を愛する態度」・「規範意識」・「歴史についての正しい理解」・「家庭や家族の役割の理解」などの徳目が掲げられ「達成するように行う」とされました。また，文部科学大臣の「教育課程」事項決定権限を明記（33 条「教科に関する事項」からの変更）して，学習指導要領編成権限を明確にしました。また，新しい職を設置（27 条）して，学校内の校長を頂点とする学校運営上のヒエラルキーを細分化し，学校の評価・情報提供義務規定（42 条・43 条）が設けられ，評価基準を文科大臣が示すことになりました。そのほか，教員免許更新制にともなう教員の負担の増大や萎縮，学校内ヒエラルキーの細分化による教職員相互間の自発的な協同を困難にすることなどが懸念されました[13]。

　これらの「改正」を受け 08 年 3 月に告示された小中学校の学習指導要領は，「ゆとり教育」からの転換として，授業時間を 10% 増やしたうえに，これを上回るかたちで教育内容項目を低学年に降ろすなどして単元が増やされ，子どもの学習負担を増やし，習得するには学校以外での補習を不可欠にするものとなりました。この結果，「できる子」と「できない子」の選別教育やエリート教育を促進し，親の貧困や経済格差が子どもに及んで，教育格差を生み出すこと

が懸念されました。

　また，17年に小中学校の学習指導要領が改訂され，「主体的・対話的で深い学び」を重視すると，教育方法についても規定し，「カリキュラム・マネジメント」に務めるとして，教育課程に対する評価と管理を強める方向が示されました。

　さらに，06年教基法や07年学校教育法の「教育の目標」規定が思想良心の自由に抵触するとの懸念ありましたが，これをさらに推し進めるかたちで道徳の教科化が行われました。15年，文科省は学校教育法施行規則の一部を改正し，小・中学校で「特別の教科である道徳」を導入するとしました。小学校では「社会に奉仕する」「公共のために役立つ」，中学校では「社会参画の意識」「公共の精神」「集団の中での自分の役割と責任を自覚」などが道徳の内容として規定されました。道徳は，学校での教育活動全体を通じて行うものとされ，記述式の評価も行われるようになりました。17年に告示された小・中の学習指導要領では，各教科においても「伝統・文化」「郷土や国を愛する態度」「歴史についての正しい理解」などが盛り込まれました。これら規範的・価値的な内容の学習指導要領の実施によって，子どもたちや保護者・教職員の思想・良心の自由を侵害する事態が危惧される状況が生まれました[14]。

　このように2000年ごろからの教育「改革」の動きは，子どもたちの学習権保障や教職員の教育の自由，自主性・創造性の確保の観点からは問題のある改悪が重ねられてきたと言わざるを得ません。しかし，この動きを監視し，批判し，改悪を許さない国民各層からの大きな取り組みが，当初の改悪構想をそのまま実現することを阻んだことは銘記すべきでしょう。たとえば，06年教基法でも，「教育は人格の完成を目指す」ものとされ，「教育の不当な支配」禁止条項や「教育の機会均等」条項，「教員の身分尊重」条項などを葬り去ることはできませんでした。つづく教育関連3法の「改正」でも，当時の教育再生会議がめざしていた，学力テスト結果で教員定数や予算を増減したり，学校選択制を広げたり，在籍生徒数に応じて予算配分をする教育バウチャー制度を導入するなどは実現しませんでした。このように06年教基法改悪以来のさまざまな懸念が深刻なかたちで現実化しないよう，ひきつづき，教育現場の専門性の観点からの情報を発信し，国民各層にむけて注意を喚起していくことが望まれます。

（2） 学習指導要領の位置づけは変わったか

　このような 2000 年代に入ってからの教育「改革」によって，国や教育行政の教育内容介入の権限や学習指導要領の法的な位置づけは変化したのでしょうか。

　06 年教基法の国会審議のなかで，06 年教基法の 16 条 1 項の「不当な支配に服することなく」の規定には，47 年法 10 条 1 項の「不当な支配に服することなく」と同様に，行政権力も政治権力も「不当な支配」をおこないうる主体として含まれ，旭川学テ大法廷判決の論理は引き継がれていることが確認されています15)。

　学習指導要領についても，学校教育法の改正で文部科学大臣の「教育課程」事項に関する権限を明記しましたが（33 条），旭川学テ大法廷判決は，このような規定の有無によって結論が異なるものではありません。

　ですから，上述した，限定的ながら教員の「教育の自由」を認め，学習指導要領が「不当な支配」にならない条件として「大綱的基準」を述べた旭川学テ大法廷判決の論理は，06 年教基法にもとづき教育「改革」がなされても，何ら変更はなく，現在もなお妥当する論理なのです。

5．昨今の状況下で教員の「教育の自由」に求められるもの

（1） 子どもたちを取り巻く状況

　いま子どもたちはどのような状況に置かれているでしょうか。グローバル社会のなかで国際競争を勝ち抜くためのエリート選別教育に勝ち残るための激しい競争教育を強いられています。新自由主義的な構造改革がすすめられた結果，格差社会が広がり，「子どもの貧困」が社会問題にもなりました16)。経済的理由で学校での学習を諦めざるを得ない子どもや，教育費を十分負担できないことによる教育格差も問題になっています。

　これらの問題のすべてを，学校教育を担う教職員が解決できるわけではないでしょう。しかし，教職員がその専門性を発揮することによってこれらの問題を克服し，子どもの教育に関する権利を実現することのできる場面も少なくありません。上述した，新学習指導要領のもとでの教育が，子どもたちの思想・良心の自由や，思想，良心を形成する自由を侵害することにならないようにしたり，子どもの発達や到達の状況にふさわしい内容とやり方で子どもたちの教

育に関する権利に応えていくことは，まさに専門性をもった教員の「教育の自由」にもとづいて実現されることです。

この観点から，最近問題になっている，教員の「教育の自由」と子どもたちの教育に関する権利の関係について考えてみましょう。

（2） 性教育をめぐって（七生養護学校事件）

03年7月，ジェンダーバッシングの政治的動きを背景にして，知的障がい児の学ぶ都立養護学校での性教育に関して都議会で質疑がありました。これをきっかけに，都議会議員3名が新聞記者を引き連れて東京都教育委員会（都教委）を立ち会わせて学校「視察」をおこない，校長・教員にたいして，性教育の内容や方法，教材の調査がなされ，都議らが一方的に不適切だと高圧的・威圧的に非難し，都教委が性教育教材を持ち帰り，ここでの教育を「過激性教育」「余りに非常識」などとメディアが報道する事件が起きました。七生養護学校事件です。

七生養護学校では，子どもたちの間に性的な「問題行動」があることが把握されて以来，学校全体で系統的な性教育の取り組みがなされ，地域や教育関係者から高い評価を受けてきていました。「自己肯定感」をもちにくい知的障がいのある子どもたちにとって，「こころと体の学習」としての性教育は，人間としてよりよく生きる教育の一環であり，人格の形成をはかる大切な教育として，まさに子どもの学習権に応えるもので，保護者の切実な願いを反映したものでした。

しかし，都議による「視察」と新聞報道ののち，都教委は，全教員にたいして性教育実践に関する職務命令にもとづく調査をおこない，学習指導要領をふまえない不適切な性教育だと断じ，あわせて他の都立養護学校も含めた，性教育，学級編制，服務規律違反に関する一斉調査が始まりました。その結果，校長には降格処分と停職1カ月の懲戒処分が，教員には「厳重注意」がなされました[17]。

いずれも裁判で争われ，都教委による校長にたいする処分は，不適正な学級編制，勤務時間の不正な調整，研修申請の不適切な承認などが理由で，性教育は理由となっていませんでしたが，判決は校長の降格・懲戒いずれの処分も裁量権濫用の違法があるとして取り消しました[18]。

教員への厳重注意などについては，「視察」をおこなった都議や教育委員会の対応を含めて，「こころと体の学習」権を侵害するとして損害賠償請求の裁判の形で争われました。一審・二審判決はいずれも，都議の「視察」時の侮辱発言が「不当な支配」であるとし，都教委は教員を「不当な支配」から守らなかった保護義務違反があるとし，教員にたいする「厳重注意」は裁量権濫用で違法であるとして原告教員の損害賠償請求を認めました。とくに，「学習指導要領に定めがないことまで不適切に教育した」ことを理由にした厳重注意処分は，「学習指導要領の一言一句に法的な拘束力があるとはいえず」，「具体的な教育の内容・方法は教育を実践する者の広い裁量に委ねられ」，「教員の創意工夫の余地を奪うような細目にまでわたる指示命令等を行うことまでは許されない」のになされたとして，裁量権濫用であり，違法であるとした点は重要です[19]。

　しかし，教材などの原状回復はなされず，年間指導計画も強権的に変更されて，以前のような性教育はできない状況になっていると伝えられています。教員がその専門性を発揮して，創意工夫をこらしながらすすめてきた教育実践への政治的な介入・「不当な支配」が，いかに子どもの学習ニーズや学習権を破壊してしまうかを示しています[20]。

（3）　足立区での性教育への介入

　18年3月，足立区の中学校で行われた人権教育の一環としての性教育について，都議会でこれを「不適切な性教育が行われている」と問題視する質疑を行いました。都教委はそれに対し，「検証を徹底して行い」「適切に実施されるよう指導する」などと答弁しました。

　当該性教育は，1年生で「生命誕生」，「らしさについて考える」，2年生で「多様な性」，3年生で「自分の性行動を考えよう（避妊と中絶）」など，3年間で段階を追ってテーマ設定がなされ，生徒同士のディスカッションを中心に自分自身の性行動について考える教育プログラムが組まれていました。授業は公開され保護者も参観していましたが，それまで内容について批判を受けたことはありませんでした。

　都議会で問題視する質疑に対し，足立区教委も，「10代の望まぬ妊娠や出産を防ぎ，貧困の連鎖を断ち切るためにも，授業は地域の実態に即して行われ，

生徒と保護者のニーズに合ったものだ」と評価をしていました。地域の市民や保護者もすぐに「教育の自由を守る足立市民の会」を結成し，都教委に対し不当な介入を撤回するよう取り組みました。

　その結果，同年9月に，都教委は，当該中学校の「指導内容に変更を求める考えはない」と表明しました。本件では，足立区教委が，前記の七生養護学校事件の判決で指摘された教員を「不当な支配」から保護するという本来の義務を果たし，さらに市民や保護者の子どもの学習権を守ろうとする声が，都教委の姿勢も変えさせたという点でとても画期的な成果を得ることができました。

（4）　18歳選挙権と政治教育をめぐって

　15年に公職選挙法が改正され，選挙権の年齢が満18歳以上に引き下げられました。

　これまで，学校現場では社会で議論となっている論争的なテーマを取り扱うことについて，「政治的である」との理由で避けられてきました（69年に文部省が発出した「高等学校における政治的教養と政治活動について」との通知は，学生運動が盛んであった当時の時代背景もあり，授業における現実の具体的な政治的事象の取り扱いは慎重を期すべきとしていました）。しかし，本来，将来の有権者として，子どもに政治的教養を育むような教育（政治教育）を提供することは，子どもの学習権を保障する観点からも，また民主主義社会における教育の役割という観点からも不可欠のものであったはずです。選挙権年齢が引き下げられたことで，さらにこの要請が切実なものとなっています。

　文科省は，15年10月29日，「高等学校等における政治的教養の教育と高等学校等の生徒による政治活動等について（通知）」（以下「新通知」）を発しました。

　新通知は，18歳選挙権が実施されたことなどを契機に，「習得した知識を活用し，主体的な選択・判断を行い，他者と協働しながら様々な課題を解決していくという国家・社会の形成者としての資質や能力を育むことが，より一層求められます」とした上で，「現実の具体的な政治的事象も取り扱い，生徒が国民投票の投票権や選挙権を有するもの（有権者）として自らの判断で権利を行使することができるよう，具体的かつ実践的な指導を行うことが重要です」と指摘しました[21]。

文科省自らが，教育現場で政治的なテーマや社会的に論争のある事柄について取り上げ，生徒が自らこれを判断できるように指導すべきと明言したことは極めて重要です。その後，17年及び18年に公示された新学習指導要領でも，現代的な諸課題に対応して求められる資質・能力として「主権者として求められる力」を挙げ，小学校から各学校の段階を通じて育成することとされました。

　しかしながら，文科省は15年の新通知において，「政治的中立性」を理由として，政治的教養を育む教育（以下「政治教育」）を行う際の，「指導上の留意事項」を列挙しました。そして，その「留意事項」の第1項として，「指導に当たっては，教員は個人的な主義主張を述べることは避け，公正かつ中立な立場で生徒を指導すること」が挙げられていました。文科省と総務省が作成した政治教育の副教材においても同様の記載がなされていました。山口県では，安全保障法制に関する模擬投票の授業で新聞を2紙しか配布していなかったことが「政治的中立性」を損なっていると県議会で非難を受けたり，宮城県では，生徒が部活動として行った安全保障法制に関するアンケート調査について，県教委が政治的中立性に反するとの趣旨の通知を行ったという事案も発生しました。この「政治的中立性」の強調が，学校現場で政治教育に取り組む足かせとなっている現状があります。

　「政治的中立性」は08年教基法14条2項を根拠としています。

　08年教基法14条は，1項で「良識ある公民として必要な政治的教養は，教育上尊重されなければならない」として政治的教養の教育の尊重を謳い，2項で「法律に定める学校は，特定の政党を支持し，又はこれに反対するための政治教育その他の政治活動をしてはならない」として，「政治的中立性」を規定しています。この規定は49年教基法にもほぼ同内容で定められていました。

　14条1項が尊重すべきとする「政治的教養」とは一般的に以下の内容だとされています。

　①民主政治，政党，憲法，地方自治等，現代民主政治上の各種の制度についての知識，②現実の政治の理解力及びこれに対する公正な批判力，③民主国家の公民として必要な政治道徳および政治的信念です（教育法令研究会編「教育基本法の解説」47年）。

　生徒がこのような学習を行うことは，成長発達権や学習権の一内容として当

然に保障されています。学習権を保障するために存在する学校としては，まず
もって，生徒に政治的教養が育まれるような教育を提供する責務があるといえ
ます。したがって，学習権充足のために行われるという教育の本質に照らせ
ば，政治教育を尊重し，積極的にこれを行うことを定める14条1項が原則と
なります。

　但し，政治教育においても，生徒の学習権を侵害するような教育，即ち誤っ
た知識や一方的観念を教え込むようなことは許されません。14条2項が規定
する，学校によって特定の政党を支持するため教育が行われるなどの場合は，
生徒に一方的観念を教え込むことにつながる危険性が極めて高い，いわば，学
習権侵害の教育の典型例です。即ち，14条2項は，生徒が政治的教養を育む
学習を行うことを保障するために，生徒の学習権侵害となるような，一方的観
念の教え込みを禁止したところにその意味があります。

　一方的観念の教え込みを禁じることを主眼とする14条2項の趣旨からすれ
ば，「政治的中立性」とは，政治的なテーマや社会的に論争のある事柄を授業
で取り上げる際に，それを論争があるものとして扱っているかどうかが問題と
いうことになります。論争がある事柄について，論争があるものとして授業が
行われ，生徒自身が様々な異なる立場を検討し，獲得することが保障されてい
れば，生徒に一方的な観念を教え込むことにはならず，「政治的中立性」違反
とはいえません。先に触れた，教員が自己の意見を述べること全般を禁じるが
ごとき文科省の通知・副教材等の記載が不当であることは明らかです[22]。

　18歳選挙権の下，政治教育が行われることによって，生徒が1つの問題に
ついても様々な主張がありうることを知り，それぞれの主張に耳を傾け，それ
ぞれの主張の根拠や資料を調べ，その根拠や資料を様々な角度や解釈で検討・
評価し，自らも根拠や資料に基づいて意見や主張を組み立てる，そのような力
を生徒が身につけることが強く求められています[23] [24]。

（5）　教員の政治活動の自由について

　文科省は，18歳選挙権が初めて実施される16年7月の参議院選挙の直前，
同年6月1日に「教員などの選挙運動の禁止について（通知）」（以下「6・1通
知」）を発出しました。

　6・1通知では，国家公務員法や公職選挙法を強調して，休日や勤務地内外を

含めて教職員の政治活動や選挙運動が禁止されているかのような記載をしています。

　しかし，そもそも，政治活動の自由は憲法上保障された基本的人権であり，教職員にも当然に保障されています。国際的にみても，国際人権規約B規約で公務員を含むすべての市民に表現の自由（同規約19条）や集会の自由（同規約22条）を保障していますし，ILO・ユネスコ「教員の地位に関する勧告」でも，「教員が市民が一般的に享受する一切の市民的権利を行使する自由を持ち，かつ，公職に就く権利を持たなければならない」（80項）とされています。

　確かに，公立学校の教職員にも適用される国家公務員法及び人事院規則によって，一定の政治目的をもって署名や集会の「企画」「主催」など主導的な行為を行うことなどが禁止されています（教職員には罰則は適用されません）。この規定自体，公務員の政治活動を過度に制限するものとして厳しく批判されていますが，この規定でも，教職員が署名や集会に一参加者として参加すること自体は禁止されません。また，最高裁は，この公務員の政治活動の禁止について「禁止の対象とされるものは，公務員の職務の遂行の政治的中立性を損なうおそれが実質的に認められる政治的行為に限られる」（12年12月7日堀越事件最高裁判決）とその範囲を厳しく限定しました。

　また，公職選挙法137条は，教育公務員に「教育上の地位を利用して」選挙運動をすることを禁止しています。これは，教員が成績評価など教育者としての影響力を利用して投票依頼を行うことを禁止したものです。裁判例上も，「教育者がその教育上の地位に伴う影響力を利用せずに，一個人として一般人と同様の選挙運動をすることは何ら制限されるものでなく，たとえ教育者が単にその教育者としての社会的信頼自体を利用した場合でも問題の余地はない」（75年5月27日福岡高裁判決）とされています。

　このように，教職員の政治活動や選挙運動の規制は限定された範囲のものに過ぎず，現在教職員が携わる活動で問題となる行為はほとんどないと言ってよいでしょう。6・1通知は，現行法の規制や裁判所の判決を超えてさらに広い行為が禁止されるかのように記載しており，違憲・違法というべきものです

　18歳選挙権により政治教育の必要性が高まっています。子どもたちが政治的教養を育むためには，指導する教員が政治的教養を獲得していることが大前提となります。教職員の政治活動の自由が保障されることは，教職員の政治的

教養を高め，子どもたちに対する政治教育の基盤つくるという大切な役割もあります[25]。

（6）「教員の教育の自由」の再確認の今日的意味

　以上のように，教育委員会の通知や職務命令が，子どもの学習権・成長発達を保障するさまざまな権利を侵害しかねない「不当な支配」として表れることが多くなってきています。そこでは，教員の「教育の自由」が保障されないと，子どもの人権保障はまっとうされない関係が示されています。もちろん，「教員の教育の自由」は，教育内容について教員に白紙委任状を渡しているものではありません。それは，子どもの学習権を保障する義務をともない，専門性にもとづくものです[26]。

　教員は，常に子どもの権利の擁護者たり得るものではないといわれることもあります。しかし，子どもが常に自らの権利を実現できる力を持っているわけではありません。ましてや，昨今の，教育行政への政治的介入や教育現場の管理統制の強化にともなう子どもたちの学習権・成長発達権の危殆化の実情にそくして見ると，「子どもたち自身が，自らの権利侵害を問うことができれば，教育現場での子どもたちの学習権・成長発達権が保障される」というのは，楽観的に過ぎるでしょう。教員の「教育の自由」の実践的な意味の再確認が求められるゆえんです[27]。

注)
1)　たとえば，北海道教育委員会が10年11月に配付したリーフレット「信頼される学校運営のために」。
2)　さしあたり堀尾輝久『子育て・教育の基本を考える』童心社，07年5月刊。95頁以下では，このような，子どもが成長発達する存在であるという見方は，ルソーが「エミール」で示した「子どもの発見」に原点があり，20世紀に入り，子どもたちの科学的な発達研究を土台にしながら教育を革新していこうという子ども中心の「新教育運動」が起こされ，そのなかで「子どもの再発見」がなされ，教育が革新されていくというプロセスを辿ったとされます（113頁）。
3)　国連の世界人権宣言（48年）の26条は教育に関する権利を規定していますが，その解説として，ピアジェは，「教育をうけるという人権を肯定することは……本当の意味ですべての子どもに，彼等の精神的機能の全面的発達と，それ

らの機能を現在の社会生活に適応するまで行使することに対応する知識ならびに道徳的価値の獲得とを保障してやることである。したがって，それはとりわけ，各個人の区別をなす体格と能力とを考慮しながら，個人のなかにかくされていて，社会が掘りおこさなくてはならない可能性の重要な部分を失わせたり他の可能性を窒息させたりしない……という義務を引き受けることである」としています（兼子仁『教育法・新版』91頁に引用のもの）。前掲注2）の堀尾輝久136頁にも紹介があります。

4）　94年5月22日にわが国でも発効した「子どもの権利条約」は，28条1項で教育についての子どもの権利を認め，この権利を，機会の平等を基礎として達成することを求め，29条1項（a）で「児童の人格，才能並びに精神的及び身体的な能力をその可能な最大限度まで発達させること」を目標に指向されるべきことを求め，6条2項で「児童の生存及び発達を可能な最大限の範囲において確保する」ことを求めています。

5）　47年教基法前文には「われらは，さきに，日本国憲法を確定し，民主的で文化的な国家を建設して，世界の平和と人類の福祉に貢献しようとする決意を示した」とあります。

6）　ここで47年教基法に「国民全体に直接責任を負う」，「全体の奉仕者」とある点については，48年制定の教育委員会法が「この法律は，教育が不当な支配に服することなく，国民全体に対し直接責任を負って行われるべきであるという自覚のもとに，公正な民意により，地方の実情に即した教育行政を行うために，教育委員会を設け，教育本来の目的を達成する」（1条）ことを目的に，公選制の教育委員会制度を設けたことと関係し，教員にも教育委員会の選出母体である父母・住民と共同して学校教育の担い手となることを求めたものと考えられています（さしあたり，佐貫浩『学校と人間形成』法政大学出版局，05年3月刊69～70頁）。

7）　教科書裁判第二次訴訟一審東京地裁70（昭和45）年7月17日判決（杉本判決）は，「国家は人間の内面的価値に中立であり，個人の内面に干渉し価値判断を下すことをしない」，「教育の内的事項については…一般の政治のように政党政治を背景とした多数決によって決せられることに本来的にしたしまず」，「国家が教育内容に介入することは基本的に許されない」として国民の教育権論に立ち，憲法26条にもとづく「国民の教育の責務は，いわゆる国家教育権に対する概念として国民の教育の自由とよばれる」としたうえで，子どもたちへの真理教育の不可欠性，子どもの心身の発達，心理，社会環境との関連など科学的知識の必要性などから，「教育的配慮をなすこと自体が一の学問的実践であり，学問と教育とは本質的に不可分一体」として，教師の教育ないし教授の自由が憲法23条により保障されるとしました（『法律時報』70年9月号増刊・教科書

裁判（増補版）。佐貫浩『学校と人間形成』法政大学出版局，05年3月刊194頁以下，『解説教育六法』三省堂などに抄録あり）。

8） 旭川学テ大法廷判決は，「子どもの教育が教師と子どもとの間の直接の人格的接触を通じ，その個性に応じて行われなければならないという本質的要請に照らし，教授の具体的内容及び方法につきある程度自由な裁量が認められなければならないという意味においては，一定の範囲における教授の自由が保障される」としています。

9） このように限定的にですが旭川学テ大法廷判決も認めた「教師の教育権」については，市民的自由の観点から一元的に考えるべきであり，教師の教育権は教育機関としての権限に過ぎないという議論や（奥平康弘「教育を受ける権利」芦辺信喜編『憲法Ⅲ人権 (2)』有斐閣，81年刊417頁），「父母・住民の教育権」を重視する立場からの，現実の学校教育状況のなかで「教師の教育権の強調は，子どもの学習権・一般人権の非保障・侵害，父母の教育権・教育の自由の行使に対して，多くの場合，否定的役割を果たしている」との批判（今橋盛勝『教育法と法社会学』三省堂，83年刊129頁）もありました。これらの批判については，さしあたり市川須美子『学校教育裁判と教育法』三省堂，07年7月刊106頁以下を参照して下さい。

10） ここで，旭川学テ大法廷判決は，国が教育政策を樹立する必要性・相当性を考える目的の面でも「子ども自身の利益の擁護のため，あるいは子どもの成長に対する社会公共の利益と関心にこたえるために」という限定を加えていることに留意すべきでしょう。

11） 旭川学テ大法廷判決は，当時の中学校学習指導要領については「中には，ある程度細目にわたり，かつ，詳細に過ぎ，また，必ずしも法的拘束力をもって地方公共団体を制約し，又は教師を強制するのに適切でなく，また，はたしてそのように制約し，ないしは強制する趣旨であるかどうか疑わしいものが幾分含まれているとしても，右指導要領の下における教師による創造的かつ弾力的な教育の余地や，地方ごとの特殊性を反映した個別化の余地が十分に残されており，全体としてはなお全国的な大綱的基準としての性格をもつものと認められる」とし，内容的にも「一方的な一定の理論ないし観念を生徒に教え込むことを強制するような点は全く含まれていない」ので，政策上の当否はともかくとして法的には必要かつ合理的な基準の設定として是認できるとして，不当な支配には当たらないとしました。この大綱的基準性を認めたチェックシートともいうべき諸基準に留意しておくべきでしょう。

12） 05年の「郵政民営化」解散総選挙での当時の与党の圧勝を背景に成立したものですが，日弁連も02年12月に「中教審中間報告に対する意見」（以下の日弁連意見・会長談話などは，日弁連ホームページでのサイト内検索でご覧になれ

ます），06年9月に「教基法『改正』法案に対する意見」を表明し，法案にたいし全国52中50の単位弁護士会から反対や慎重審理を求める意見がありました。また，法案の成立にたいしては「改正教育基本法の成立についての会長談話」（06年12月20日）があり，日弁連はひきつづき，「憲法の教育条項を踏まえた提言を行うとともに，教育現場での思想信条の自由，教育を受ける権利や学習権が侵害されることのないよう不断に取り組み続ける」としています。

13）　日弁連は，07年6月14日に「教育関係3法『改正』法案に関する意見書」を発表しているほか，10年6月17日，「教育法制に関するQ＆A」を発表して，06年教育基本法制下で生じ得る事態への憲法の観点からの解説を示しています。

14）　日弁連は，道徳の教科化について，14年12月18日「文部科学省中央教育審議会「道徳に係る教育課程の改善等について（答申）」に対する意見書を発表しています。

15）　さしあたり世取山洋介「新教育基本法の国会審議の分析——その立憲主義的解釈の基礎作業として」教育学関連15学会共同公開シンポジウム準備委員会編『新・教育基本法を問う』学文社，07年8月刊13頁以下（24〜25頁）。日弁連の「改正教育基本法の成立についての会長談話」（06年12月20日）にも指摘があります。

16）　過度の競争教育の問題や「子どもの貧困」の問題は，子どもの権利条約の第3回政府報告書審査の結果，10年6月になされた国連子どもの権利委員会の総括所見でも指摘されています。さしあたり，日弁連パンフレット「国連から見た日本の子どもの権利状況—国連子どもの権利委員会第3回政府報告書審査に基づく同委員会の総括所見（2010.6）を受けて」（11年3月）を参照下さい。

17）　東京弁護士会は人権救済申立を受け，05年1月24日付で，人権侵害の事実があると東京都教育委員会教育長宛の警告を出しています。要約版が東京弁護士会のホームページの人権救済申立事件の欄で公表されています。

18）　七生養護学校金崎事件。08（平成20）年2月25日東京地裁判決。控訴審（09年4月9日），上告審（10年2月23日）も原審を支持して確定しています。

19）　七生養護学校「こころと体の学習」裁判。一審は09（平成21）年3月12日東京地裁判決，二審は11（平成23）年9月16日東京高裁判決。

20）　七生養護学校事件については，金崎満『検証七生養護学校事件——性教育攻撃と教員大量処分の真実』群青社，05年10月刊のほか，中川重徳「都立七生養護学校『こころと体の学習』裁判の教育法的検討」『日本教育学会年報』38号（09年）90頁以下が参考になります。

21）　この新通知により，69年通知は廃止されました。

22）　ドイツの「ボイテルスバッハ・コンセンサス」（1976年に政治教育学者の議

論に基づき発表され，ドイツにおける政治教育の基本原則とされている）では，「教員は生徒を期待される見解をもって圧倒し，生徒が自らの判断を獲得するのを妨げてはならない」ことが挙げられているが，これも「教員は自分の個人的な見解を隠す必要はないが，それを生徒に押しつけてはならない」との意味と解されています。

23) 日弁連は，16年10月7日「あるべき主権者教育の推進を求める宣言―民主的な社会を担う資質を育むために―」を発表しています。また，自由法曹団意見書「18歳選挙権と政治教育・政治活動・選挙運動はいかにあるべきか」（16年6月13日）もご参照ください。

24) 文科省の下に設置された主権者教育推進会議が発表した最終報告においても，「ともすれば政治的中立性を過度に意識するあまり教師が指導に躊躇する現状を乗り越え」と指摘され，小・中学校向けの取組も含めた，具体的な実践事例の収集，開発，横展開などを求めています（21年3月31日「今後の主権者教育の推進に向けて（最終報告）」10頁）。

25) 全教常任弁護団は意見書「18歳選挙権を若者の未来のために生かそう！」（16年2月13日）を発表しています。

26) 市川須美子「国民の教育権論と子どもの人権」『学校教育裁判と教育法』三省堂，07年7月刊289頁。

27) 市川須美子（前掲書の288頁以下〈290-291頁〉）は，東京都の10.23通達による「日の丸・君が代」問題の関係で，「子どもの人権を積極的に侵害するような教育的指導を命じる教育内容職務命令は，『教師が公権力によって特定の意見のみを教授することを強制されない』という意味でそれ自体で教師の教育権を侵害する。教師の人権主張を切り捨てたうえで，最後の砦として語られる子どもの良心の自由は，国家権力に裸単騎で突っ込んでいくドンキホーテにならないのだろうか」と教員の教育の自由の実践的な意味を指摘しています。

2. 学校のあり方をめぐる対抗

1. 新自由主義的教育改革と学校のあり方の変容

上述の都立七生養護学校の事件の背景には，95年ごろからすすめられてきた，国の動向を先取りする一連の「教育改革」にともなう学校のあり方の変容がありました。東京都では，都立高校を統廃合・改編し新しいタイプの高校をつくる，成果主義による目標管理と業績評価による教員の人事考課制度を導入

する，主幹制度を導入して教員を階層化し，職員会議を校長の補助機関として，校長のリーダーシップを確立し，数値目標をともなう「学校経営計画」策定を義務づけ，結果を評価し次年度にむけて改善をはかるマネジメントサイクル（Plan-Do-Check-Action のいわゆる PDCA サイクル）を導入するなどがありました。また，「新しい歴史教科書を作る会」編集の歴史・公民の教科書を養護学校で採択するなどがすすめられていました[28]。いわゆる新自由主義的・新保守主義的「改革」といわれ，教育改革国民会議の最終報告（2000 年 12 月）を受けて文部科学省が策定した「21 世紀教育新生プラン」（01 年 1 月）や教育基本法「改正」（06 年 12 月）をもたらし，教育再生会議（06 年 10 月～08 年 1 月），第 2 次安倍政権の「教育再生」が具体化していった「改革」課題と重なるものです[29]。

　それは，グローバルな資本競争時代に入って，国際競争力を支える人材の養成を確保するとともに，「小さな政府」にむけた構造改革をすすめるために，学力テスト結果の公表や学校評価の公表を前提として，学校選択制の採用を促して，教育を市場的公共性のもとで競わせ，購買者（親・子ども）が提供される商品（教育）を選択する方向で，求められる教育を確保していこうというものです。ここでの選択基準は多くの場合，「学力」テスト結果や進学率ということになると思われます。また，他方で，公教育のコストや予算が効率的に使用されていることを，納税者や商品購買者に説明するための国や教育行政による，学校や教員にたいする評価・管理の強化・精密化がなされ，教員評価制度や「指導力不足教員」認定制度などもここに位置づけられます。さらに，新自由主義が引き起こす社会分裂の再統合のための「愛国心」，「国旗・国歌」の強制や，新自由主義的教育政策にたいする抵抗勢力となる教職員組合運動を抑え込もうとする，服務規律の強化や職務命令発動の動きもともないます[30]。

　07 年の学校教育法「改正」で，文部科学大臣の示す基準や方法（学校評価ガイドライン）により，学校評価と学校運営改善措置（42 条），保護者・地域住民・関係者への学校運営状況の情報提供（43 条）をおこなう学校評価制度が設けられました。文科省のガイドラインが，数値目標を掲げた目標管理の手法を全国一律の基準として押し付けるようなことがあると，学校運営は市場的競争の影響を受けることになるでしょう。教員評価制度も学校評価のあり方と連動したり，給与や身分に影響を及ぼすものになると，教員にも競争を強いること

になります。これらは，服務規律の強化とあわせて教員の管理統制の手段として機能するようになり，学校のあり方に変容をもたらすことは必至です。

２．新自由主義教育政策との対抗

このような学校のあり方に変容を迫る新自由主義的教育政策への対抗の例として，次のようなものがあげられます。

（１）　ILO・ユネスコ共同専門家委員会（CEART）への申し立てと勧告

全日本教職員組合（全教）は，2002 年 6 月 28 日，文部科学省がすすめていた「指導力不足教員」政策と教員評価制度の導入に関して，ILO・ユネスコ共同専門家委員会（CEART）への申し立てをおこないました。CEART は，ILO・ユネスコの「教員の地位に関する勧告」（66 年）の実施についてフォローアップをおこなう機構として設けられているものですが，「指導力不足教員」政策を導入するに当たって，文部科学省が教職員組合との交渉・協議に応じようとしなかったこと，各地でおこなわれはじめた教員評価制度の導入に当たっても，管理運営事項だとして，教職員組合との交渉・協議はおこなわれず，また，対象教員への説明や異議申し立て権を制度化していなかったりと，「教員の地位に関する勧告」が守られていないことを指摘して申し立てをおこなったものでした。

この申し立てにたいして，03 年 12 月に，教員の地位に関する勧告との抵触状態があることを確認し，教員団体との協議をおこなうよう促す CEART 勧告が出され，以後，追加情報提供・申し立てによる 2 回の勧告を経て，08 年 4 月には CEART 調査団が来日しての実情調査がなされ，これにもとづいて 08 年 10 月に勧告（第 4 次）を含む CEART 報告が公表されました。そこでは，文科省や地方公共団体は，「指導力不足教員」政策・教員評価政策をすすめるに当たっては，教員団体と協議・交渉をおこなうべきことが指摘されました[31]。

新自由主義的教育政策のなかに位置づけられてすすめられてきた教員評価・「指導力不足教員」対応施策による学校のあり方の変容を許さないために，教育行政当局との交渉・協議の足場が確保されたことの意味は大きいといえるでしょう。とりわけ，4 次にわたる CEAET 勧告の間に，これを意識したかたちで文科省から「指導力不足教員」の認定手続きに関するガイドラインが出さ

れ，これにもとづき各地で認定手続きが具体化されるなかで，「専門家等から
の意見聴取」は会議を開いておこなうこととする手続きが設けられていること
は，1つの成果というべきでしょう。今後，勧告を活用し，「専門家等」の人
選のしかたなどを含めて，各地の教育行政当局との交渉・協議をすすめること
が期待されます。

（2）　服務規律調査などをはね返す取り組みの例

　北海道教育委員会は，09年の総選挙での北教組にかかわる政治資金規正法
違反事件を契機に，10年3月30日，すべての教職員を対象とする「教職員の
服務規律の実態に関する調査」をおこなうよう，道立学校長と市町村教育委員
会委員長への指示を出しました。調査は，「勤務時間中の組合活動」「教職員の
政治的行為」「校外研修」「学校運営」「教育課程の実施状況」「職員団体との関
係」などを含み，教職員が聴き取りを拒否した場合は職務命令を発することま
で促し，本人のみならず他人の行為についてまで申告させることを求めるもの
でした。

　これにつづいて北海道教育委員会は，10年5月31日，「学校教育における
法令等違反に係る情報提供制度に関する要綱」を策定し，学校の運営および教
職員の服務に関して，「法令や学習指導要領に違反する行為が行われ，又はま
さに行われようとしている」旨の伝達をおこなう情報提供を道民に求めまし
た。

　服務規律調査は，教職員への管理統制を強め，労働組合活動に介入し，教職
員の政治活動の自由や思想・信条の自由を侵害し，学校長に人権侵害の苦悩を
押し付けたり「密告」を奨励して教育現場に混乱を持ち込むものでした。加え
て道民からの「情報提供」を求める制度は，教職員の人権侵害を拡大し，本来
教職員と子ども・保護者，地域住民の共同によっておこなわれ，教育現場で起
きた問題については率直な相互批判や意見交換をとおして解決されるべき学校
教育に，不信や分断をもたらし，混乱をさらに大きくしかねないものでし
た[32]。

　北海道教育委員会は，さらに，教職員向けのリーフレット「信頼される学校
運営のために」（10年11月）を配付し，学校長にその活用を求めました。この
リーフレットは，「地域コミュニティとの協働関係構築」も含め学校の組織運

営での校長のリーダーシップを強調し，教職員には政治活動の自由や学習指導要領の「法的拘束力」，労働基本権の行使などに関して，ことさらに広い規制があるかのように示して「法令遵守」を呼びかけ，不祥事を起こして懲戒処分による経済的不利益を受け本人・家族の人生を狂わせないよう警告するものでした。それは，教職員が市民的権利を行使したり，教育の充実のために自主的な研修に参加したり，労働組合活動に参加したり，職員会議で子どもの学習を保障するための民主的かつ創造的な議論をする気力を奪い，萎縮させるものでした[33]。

　これら一連の北海道教育委員会の「調査」や「情報提供制度」の動きにたいしては，弁護士会なども含め，多くの道民から批判がなされ，教育現場の混乱を最小限にとどめる取り組みがなされています[34]。

3．教育の自由に依拠した教育の公共性にもとづく学校のあり方

　市場的公共性論に支えられた新自由主義教育政策は，教育サービスの最適化をもたらすことなく，学校選択の基準として想定された「学力向上」という教育目標設定をして，学校・教職員・子どもたちそれぞれに競わせました。しかし，このような目標設定によっては，いじめ，登校拒否，不登校，学習意欲の喪失などの学校現場で生じている諸課題は解決できないことが明らかになり，社会階層格差を拡大して貧困などに起因する教育格差を生みだし，教育の機会均等原則に抵触する事態が生じています。

　また，教職員が子ども・保護者や住民との直接的なコミュニケーションをとおして合意形成して共同する契機を奪い，教職員を，校長をリーダーにした効率的な学校経営のための単なる実施請負機関として，その専門性や創造性を発揮する場を消し去り，学校を，個々の消費者に分断された子ども・保護者の要求を競争的に実現する場に変えてしまいました[35]。

　そこでは，子ども・保護者は，学校の選択はできても，すでに決められた学校や教育計画を選択できるだけですし，学力不足や学費の負担ができずに選択すらかなわないことも生じるなかで，だれもが満足できず不満を抱える状況を作り出してしまっています。

　とりわけ，昨今の「貧困」が社会問題化する一方，地方分権改革がすすめられ，ナショナルミニマムすら放棄されようとしているなかで，貧困に起因する

教育格差が貧困を再生産しつつあることも問題になってきています。そこで，公教育に求められるものは，人間として生きる条件を教育課程のなかでどのように獲得していくかが問題になってきているといえるでしょう。単なる競争の「学力」とは異なるレベルの，将来にむけて「生きる力」にふさわしい「学力観」が求められているのです。

　そこでは，教職員の専門性ないし民主的な教職員集団の専門性を背景とした教育の自由を基礎に，子ども・保護者，地域住民とのコミュニケーションの内容や結果を学校のあり方に活かしていく制度，すなわち教育の自由に依拠した教育の公共性の再構築が必要なのです。

　地方政治のなかでも教育行政が政治課題にあがる場面も多くなり（東京都や大阪府の最近の動き36) がこれを示しています），教職員・教職員集団の教育専門性を介在させない地方教育行政の政治主導は，「不当な支配」を招き，子どもたちの将来にとっていまこそ重要なはずの教育を窒息させてしまうでしょう。これに対抗するために，教職員，子ども・保護者，地域住民の協同で，教育の自由に依拠した教育の公共性を確保していく取り組みが求められます。

注）

28)　金崎満『検証七生養護学校事件——性教育攻撃と教員大量処分の真実』群青社，05 年 10 月刊 160 頁以下。山本由美「新自由主義教育改革が先行する東京都」佐貫浩・世取山洋介編『新自由主義教育改革——その理論・実態と対抗軸』08 年 3 月刊，大月書店，54 頁は，東京都の公立義務教育学校での先行状況について概観しています。この流れの延長に，「日の丸・君が代」の取り扱いに関する 03 年 10.23 通達と教員の大量処分があります。

29)　佐貫浩『学校と人間形成』法政大学出版局，05 年 3 月刊 80 頁以下。進藤兵「ポスト・フォーディズムと教育改革」前掲佐貫浩・世取山洋介編『新自由主義教育改革』22 頁以下，世取山洋介「新自由主義教育政策を基礎づける理論の展開とその全体像」同書 36 頁以下。

30)　佐貫浩「新自由主義に対抗する教育の公共性とは何か」，前掲佐貫浩・世取山洋介編『新自由主義教育改革』289〜290 頁。

31)　第 1 次申し立てについては，勝野正章他『「いい先生」は誰が決めるの？——今，生きる ILO・ユネスコ勧告』つなん出版，04 年 7 月刊。08 年 10 月勧告（第 4 次）については，全教「ILO・ユネスコの訪日調査報告と文科省と各教委への CEART 勧告をいかそう」09 年 1 月をそれぞれ参照下さい。

32) 全教弁護団は，「教職員の基本権を侵害し，教育現場に混乱をもたらす道教委の『教職員の服務規律の実態調査』の中止を求める」意見書（10 年 4 月 21 日），「教職員の基本権を侵害し，学校教育に分断と混乱を持ち込む道教委の『学校教育における法令等違反に係る情報提供制度に関する要綱』の撤回を求める」意見書（10 年 6 月 8 日）を公表しています（全教のホームページで閲覧できます）。

33) 全教弁護団は，このリーフレットにたいして，「管理統制強化ではなく，憲法と教育の理念に基づいた教育を──道教委『信頼される学校運営のために』を批判する」という意見書（11 年 1 月 13 日）を公表しています。

34) 北海道弁護士会連合会憲法委員会「北海道教育委員会による『教職員の服務規律の実態に関する調査』および『学校教育における法令違反に係る情報提供制度』に関する意見書」11 年 2 月。11 年 2 月 19 日に北海道弁護士会連合会・札幌弁護士会が主催した「緊急シンポ・憲法から北海道の教育現場を考える」の報告書（11 年 5 月刊）に状況の紹介があります。

35) 佐貫浩「新自由主義に対抗する教育の公共性とは何か」前掲佐貫浩・世取山洋介編『新自由主義教育改革』287〜289 頁。

36) 大阪府では，府知事が代表を務める地域政党が府議会の過半数を占めたのを背景に，11 年 6 月 3 日，府の施設に「国旗掲揚」を義務づけ，公立学校教職員に学校行事における国歌斉唱時の「起立・斉唱」を義務づける条例が成立しました。また，12 年 3 月には，「教育基本条例」及び「職員基本条例」が府議会で可決され，同年 5 月には大阪市でも同様の条例がつくられました。条例では，知事や市長が教育委員会と協議して，教育の基本的目標や施策の大綱を定めるなど，首長に強い権限を与えています。また，教員の管理統制強化の面では，同一の職務命令に 3 回違反した教員への免職に向けた規定が含まれます。まさに新自由主義的教育構想の真骨頂が表れており，子どもたちは，知事の下で決めた教育目標のもとで校長以下学校ぐるみの競争教育のなかに身を置くことを強いられます。知事が替われば目標も異なりうるので一貫した教育は期待できません。教員は職務命令で縛られ萎縮せざるを得なくなる恐れがあります。このような条例に，府教育委員会委員など各界から強い批判があがりました。日弁連は，「大阪府における教育基本条例案に対する声明」（11 年 12 月 27 日）を出しています。

3. 学校運営をめぐる課題

1. 職員会議をめぐって

（1） 学校教育法施行規則の改正

職員会議については，従来は法的根拠がないため，校長の補助機関と考えるか，教員集団の意思決定機関と考えるか，大きな論争のテーマになっていました。この点，98年中教審答申を受けた2000年学校教育法施行規則改正によって，初めて職員会議が規定されます。そこでは「1　小学校には設置者の定めるところにより，校長の職務の円滑な執行に資するため，職員会議を置くことができる。2　職員会議は，校長が主宰する」（学校教育法施行規則48条）と規定され，校長の補助機関であるという位置づけが明確になりました。

（2） 職員会議の変化

この施行規則改正を受け，現場では行きすぎた規制もみられるようになりました。その端的な例が東京都です。東京都教育委員会は06年4月，都立学校の職員会議での挙手・採決を全面禁止する通知を出し，各学校は校長らを中心にした企画調整会議を軸に運営するよう徹底しました。そして，都教委は都立学校の教育を細かく「支援」することを目的に，都内6カ所に「学校支援センター」をつくり，定期的に学校を訪問し，職員会議などについても校長に自己点検させ，不十分な場合には改善指導をするなどとしました。

実際，この通知後，職員会議で挙手・採決をしていた都立高校4校の校長にたいして，都教委は厳重注意をしました。これにたいし，都立三鷹高校校長が反論。通知の撤回を求め，訴訟に発展しています。ちなみに他の道府県では同様の通知を出したところはなく，またその予定もないことが報道で明らかになっており，東京都の行きすぎた規制の問題性があらわになっています。

（3） 職員会議の重要性は変わらない

職員会議が補助機関として位置づけられたとしても，そのことから，ただちに「校長がすべてを決める」式の学校運営になるわけではありません。現在の

学校には，地域，保護者，子どもなどからの多様な教育要求があり，教職員の協力がないまま，校長の強い権限と責任だけで，学校を運営することなど不可能です。教職員が学校の教育目標や教育指針を十分納得し，実践するためには職員会議での率直で十分な意見交換と議論が必要です。この議論を通じ，教職員は子どもにとって何が一番必要で重要なのかを探求し，子どもの教育に打ち込むことができます。このことが，学校全体としての教育活動の総合力を高めることにもなります。このような内容の濃い職員会議を運営することにこそ，校長の権限と責任，リーダーシップが求められているというべきでしょう。

　重要なのは，校長のリーダーシップを強調し，自立した学校をつくるといいながら，行政当局が実際には事細かな指示を出し，校長を事実上支配下に置いていることです。職員会議における挙手・採決禁止もその１つです。校長の権限を強化するといいますが，文科省を頂点とした教育行政の指示・統制を教職員に貫徹させる方法として「校長の権限強化」といっているのであって，そのために，職員会議も補助機関と位置づけているといえます。

２．　階層的職の導入

（１）　主幹職の導入

　校長のリーダーシップのもと，指揮系統をはっきりさせて運営を効率化させるために，07年学校教育法の改正では，「主幹教諭」「指導教諭」「副校長」という新たな職を置くことができるとされました（37条２項，49条など）。

　副校長は「校長を助け，命を受けて校務をつかさどる」（37条５項）とされ，教頭が「校務を整理し，及び必要に応じ児童の教育をつかさどる」（37条７項）と規定されている点と比べ，より権限も大きく，経営的責任も担う職務とされています。

　主幹教諭は「校長及び教頭を助け，命を受けて校務の一部を整理し，並びに児童の教育をつかさどる」（37条９項）とされ，中間管理職的な性格をもつものとされています。

　指導教諭は「児童の教育をつかさどり，並びに教諭その他の職員に対して，教育指導の改善及び充実のために必要な指導及び助言を行う」（37条10項）とされ，教師を指導できる優れた教師，いわゆる「スーパーティーチャー」を指すとされています。

従来，教職員には，校長，教頭という管理職以外には，教諭しかなく，この職制は「ナベブタ型」といわれるフラットな形態でした。今回の改正によって，「ナベブタ型」といわれたフラットな職制から，校長→副校長→教頭→主幹教諭→教諭という職階が多層化し，それにともない校長主導の運営体制が強化されています。学校経営の全場面で校長のトップダウンを強め，上意下達が可能な体制になっているのです。さらに校長を教育委員会などの行政当局の支配下に置くことで，校長を通じた教職員の管理・統制が可能となっているのです。

（2）　主幹制度の実態

　07年の学校教育法改正に先行して，大阪，兵庫，東京などでは主幹教諭，副校長の導入は始まっていました。

　主幹制度導入後，東京都教職員組合のおこなった職場アンケートでは，「主幹制度導入により学校の組織的課題解決能力は向上したか」という質問に，「高まった」は3％，「低下した」は55％であり，「一般教職員の声が学校運営に反映されづらい」「上の言うとおりに協力しろというもので働く意欲を削ぐ」という意見が寄せられていると報告されています（児玉洋介「教員の仕事とは何か」『季刊教育法』07年154号28頁）。

　18年の文科省の「主幹教諭・事務長に関する実態調査（概要）」よると，主幹教諭を配置している地方公共団体（都道府県と政令市）は67のうち57地方公共団体となっています。配置している地方協団体での主幹教諭の業務内容は，おもに教務，生徒指導，進路指導，研究でしたが，学校によって異なる（校長の判断）との回答も多くありました。

　主幹教諭の配置の効果としては，「管理職と教職員のパイプ役になることにより，校内のコミュニケーションが改善された」などの回答がある一方，課題として，「主幹教諭については，定数内での配置のため，担任として配置できる教諭がそれだけ少なくなる」，「主幹教諭を配置すると，教諭の授業時数が増えることが想定される」など，かえって学校現場に負担が生じている状況がうかがえます。主幹教諭の負担も重く，14年度から17年度で主幹教諭の希望降任（本人の希望により降格する）が，徐々に増加し，17年は183人となりました。主幹教諭が希望降任制度を利用した理由として，「管理，事務業務よりも，児童生徒にもっと向き合いたい」，「学校全体のマネジメントをするのは荷が重

い」との声が挙げられています（教育新聞「主幹教諭183人が希望降任「荷が重い」が理由」2018年12月25日）。

（3）　学校にピラミッド型職階はふさわしくない

　主幹のなり手がいない状況や，教職員の生の声をみても，主幹などの職階が学校現場から受け入れられていないことは明らかです。このような制度は，政策的に失敗というべきでしょう。ピラミッド型の階層的職制は教職員にふさわしくないのです。教師は教壇にたてば，だれもが1人の教師で，だれもが子どもに責任を負う立場に立つのであり，教師としての高い自覚と責任感は，各教師が対等，平等な立場であることを前提としなければなりません。ピラミッド型の職階制度は，教師のやる気と能力を低下させるだけであって，学校にふさわしくないというべきです。

3．職務命令

（1）　校長の職務命令

　校長から教師への職務命令が果たして許されるのか，また，どのようなものが許されるのかという点をめぐって，最近争いになったのは，「日の丸・君が代」をめぐる問題です。

　たとえば，東京都では，03年10月23日東京都教育委員会は通達で，都立学校は，入学式・卒業式や学校の周年行事で，壇上左に日の丸，右に都旗を飾ること，壇上には他の装飾はいっさい置かないこと，「国歌斉唱」の発声をすること，教職員は日の丸にむかって起立し君が代を謳うこと等，詳細な式次第や会場設営まで指示をしたうえで，このような式典の実施を各校長に職務命令として求めました。これにもとづいて各校長は，教職員にたいして君が代斉唱時の起立を職務命令として命じたのです。

　教職員は，君が代斉唱時に起立しなければ，校長の職務命令に違反したとして，「上司の職務上の命令」に従わなかった（地方公務員法〈地公法〉32条），「職の信用を傷つけ，職全体の不名誉となるような行為」をおかした（同法33条）として，戒告などの懲戒処分を受けることになりました。

　このような懲戒処分が許されるのか，その前提として校長の職務命令が許されるのか，が争われました。

（2） 裁判例にみる職務命令のあり方

　この裁判での論点は多岐にわたりますが，校長が教職員にたいして職務命令を発することができるか，という点では，一貫してこれを肯定しています。しかし，注意を要するのは，校長がどんな場合でも，どんな職務命令でも命じることができる広範な権限を認めたものではないということです。最高裁判決のなかでは，補足意見や反対意見で，再三にわたって学校での校長の職務命令はできるだけ謙抑的であることが必要で，命令違反の場合の不利益処分もできるだけ慎重におこなわれるべきであることが述べられています。

（3） 職務命令は学校の活力を奪う

　行政当局は「校長は，校務をつかさどり，所属職員を監督する」（学校教育法37条4項）を根拠に，校長は校務全般についての決定権があり，各教職員にたいしても職務命令を発することができる，と解釈しています。しかし，子どもの教育をつかさどるのは「教諭」なのであり（学校教育法37条11項），少なくとも，教育内容について，どんな教育を，どのようにおこなうのがいいのかを決定することができるのは教職員です。教育内容については，校長ができるのは教職員への指導や助言であって，職務命令を発することはできないというべきです。教育現場では，教職員みんなが，いっしょに考え，話し合い，協議を通じて意思決定していくことが基本だからです。教育に強制はふさわしくないことは，最高裁判決も言明しているとおりです。

　同時に注意しなくてはならないのは，校長の職務命令は，形式上は校長の権限と責任のもとに発出されていることになっているものの，実際には教育委員会の統制下に校長を置き，文科省，教育委員会の指示・統制を教職員に周知徹底し，管理する手段としてなされていることです。日の丸・君が代をめぐっても，都教委10.23通達は校長への職務命令であり，各校長はこの職務命令に従うため，各教職員にたいして職務命令を出しています。しかも都教委は「適格性に課題のある教育管理職の取り扱いについて要綱」を策定し（03年10月23日東京都教育委員会），管理職についても業務成績が下位の者は，降格勧告などができることとしていました。つまり，校長も教育委員会の監視下に置かれ，教育委員会の指示通りの式典をおこなうために，教職員にたいして職務命令を出さざるを得ない立場に置かれているのです。

職務命令の背景には，校長を教育委員会の統制下に置き，校長を使って教職員への管理・統制を強化したい文科省，教委の意向が色濃いのです。行政の教育への管理統制の強化は，学校の活力を奪ってしまうものです。

4．いわゆる「指導力不足教員」問題について

（1）「指導力不足教員」問題をめぐる経過と法制化

　この間，教員委員会が，特定の教員を「児童・生徒らに対する指導が不適切な教員」（いわゆる「指導力不足教員」）と認定し，担任をはずして研修を受けさせ，さらに改善がはかられない場合には，退職を求めるという取り扱いが問題となってきました。

　この問題の背景には，「学級崩壊」や学校運営にたいする保護者の批判など，学校を取り巻くきびしい現実があります。こうした困難の原因を，個々の教員の「指導力」の問題とすることには，もともと無理があります。また，「指導力不足」の認定についての客観的な基準や手続きの保障がないこと，当該教員にたいする「研修」やその後の処遇が，懲罰的な内容となっていることなどが，大きな問題となっていました。

　そもそも，教員の研修は，本来，専門職としての力量を高めるための権利です（教育公務員特例法〈教特法〉21条，22条）。したがって，懲罰的な意味合いをもつ「研修」をおこなうことは許されません。

　CEART も，08年10月の勧告の前に，03年12月，06年1月，07年5月の3回にわたって，改善を求める勧告を出してきましたが，抜本的な改善ははかられませんでした。

（2）「指導改善研修」の法制化と手続き等

　07年の教特法改正（08年4月1日施行）によって，児童等にたいする「指導が不適切であると認定した教諭等」にたいする「指導改善研修」が法制化されました（教特法25条の2）。研修終了時において改善が不十分な場合には，「免職その他の必要な措置を講ずる」こととされています（同法25条の3）。

　文部科学省は，08年改正法の施行を前に，「指導が不適切な教員に対する人事管理システムのガイドライン」を策定しました。ガイドラインは，「指導が不適切な教員に対する人事管理については……各任命権者で制度及び運用にば

らつきがあり，必要な措置が的確に講じられていない場合がある」としたうえで，「『指導が不適切である』教諭等の認定について，その把握及び報告申請の段階から研修後の措置までを一連の人事管理システムと捉え，その各段階において，人事管理システムが公正かつ適正に実施され」ることを目的としています。

a） 「指導力不足」とは

ガイドラインによれば，「指導が不適切である」教諭等とは，「知識，技術，指導方法その他教員として求められる資質，能力に課題があるため，日常的に児童への指導を行わせることが適当ではない教諭等のうち，研修によって指導の改善が見込まれる者であって，直ちに……分限処分等の対象とはならない者をいう」とされ，具体例として，以下のようなケースをあげています。

① 教科に関する専門的知識，技術等が不足しているため，学習指導を適切におこなうことができない場合（教える内容に誤りが多かったり，児童等の質問に正確に答え得ることができない等）

② 指導方法が不適切であるため，学習指導を適切におこなうことができない場合（ほとんど授業内容を板書するだけで，児童等の質問を受け付けない等）

③ 児童等の心を理解する能力や意欲に欠け，学級経営や生徒指導を適切におこなうことができない場合（児童等の意見をまったく聞かず，対話もしないなど，児童等とのコミュニケーションをとろうとしない等）

b） 認定の手続き

「指導力不足教員」の認定にあたっては，校長が状況把握をおこない，「校内の対応だけでは十分な指導の改善が見込まれない」と判断した場合に，任免権者である教育委員会に報告・申請をおこなうこととされています。

任免権者は，「指導力不足教員」に当たるかどうかの認定をするにあたっては，「教育学，医学，心理学その他の児童等に対する指導に関する専門的知識を有する者及び当該任命権者の属する都道府県又は市町村の区域内に居住する保護者である者の意見を聴かなければならない」とされています（教特法25条の2第5項）。この規定にもとづき，各都道府県・指定都市教育委員会ごとに，医師や弁護士などが入った判定委員会が置かれています。

また，ガイドラインでは，認定の前に，対象となる教員から，書面または口

頭で意見を聴取する機会を保障することを求めています。

c） 認定後の研修等

「指導力不足」と認定された教員にたいしては，1年間を超えない期間の「指導改善研修」が実施されます（教特法25条の2第1項，2項）。

指導研修終了後，任免権者は，指導の改善の程度に関する認定をおこないます（同条第4項）。この認定に際しても，判定委員会が意見を述べることになっており，対象者本人から意見聴取をおこなうこととされています。

研修の結果，児童等にたいする指導を適切におこなうことができると認定された場合には，学校へ復帰することになります。この場合，校長は，本人が円滑に復帰できるよう，理解と協力が得られるような環境指導に努めるものとされ，教育委員会も，円滑に学校で勤務できるよう，フォローアップすることが求められています。

研修後も，いまだ「指導が不適切」と認定された場合は，全体で2年を超えない期間に限って，再研修をおこなうことがあります（教特法25条の2第2項）。それ以外の場合には，分限免職や他の職への採用等の措置がとられます。

（3） 「指導力不足教員」をめぐる課題

「指導力不足教員」問題については，この間，法律とガイドライン等による一定の整備がなされてきました。「指導力不足教員」と認定された教員数は，04年度の566人をピークとして，減少傾向にあります（表1）。この結果は，この制度の問題点を指摘し続けた全教と各構成組織のねばり強い取り組みの成果といえます。

しかし，この問題をめぐっては，なお解決すべき課題が多く残されています。

ILO・ユネスコ「教員の地位に関する勧告」は，「一切の視学，あるいは監督制度は，教員がその専門職としての任務を果たすのを励まし，援助するように計画されるものでなければならず，教員の自由，創造性，責任感をそこなうようなものであってはならない」（63項）と述べています。そもそも，個々の教職員に「指導力不足」というレッテルを貼ることよりも，困難な問題にたいする学校全体での集団的な取り組みや当該教職員への適切な援助こそが優先されるべきです。

また，「指導力不足教員」の認定とその後の研修についても，公正かつ適正な手続きの保障や「指導・援助」に値する研修の実施という点で，いまだに多くの問題点が残されています。

　08年10月のCEART勧告は，「問題の核心は，専門職として明らかに不適切な行為で，懲戒が学習者及び教育制度全体の利益に適うものである場合を除き，懲罰的な性格の強い規律措置を講じようとするのではなく，専門的な支援と再研修に重点がおかれているかどうかである」としたうえで，「指導力不足教員の判定手続きは依然として必要な透明性を欠いていると確信する」と述べています。そして，「もっと学校を基礎とした制度と指導助言に重きを置くこと」，「判定申請がなされる前に自ら意見を述べ，代理人を立てる権利が保障されるべきこと，また不服申立制度の公平性と実効性が保障されなくてはならない」ことを求めています。

　大切なことは，この問題は，本来，学校のなかで解決されるべき問題だということです。そのためには，対象とされる教職員にたいする日常的な助言・援助が不可欠ですし，それを可能にする環境がなければなりません。また，認定手続きに際して，本人に具体的な理由を開示して，それにたいする十分な反論の機会を与えること，職場の同僚や労働組合が意見を述べる機会を保障させることも重要です。

表1　指導が不適切な教員の認定者等の推移（文科省調べ）

年　　度	2004	2005	2006	2007	2008	2009	2010	2011
認定者数	566	506	450	371	306	260	208	168
現場復帰者数	127	116	101	87	78	73	62	47
退職等	112	111	115	92	50	47	35	38

年　　度	2012	2013	2014	2015	2016	2017	2018
認定者数	149	137	130	126	108	95	70
現場復帰者数	42	37	35	31	33	33	20
退職等	25	22	18	25	15	13	6

　1)　退職等は，依願退職，転任，分限免職，懲戒免職の合計数。

5．服　務

（1）　日本国憲法下での服務の根本基準

　教職員には，その地位と職務に関して，いくつかの義務が課されています。

　憲法15条2項は，日本国憲法下での公務員のあり方について，「すべて公務員は，全体の奉仕者であって，一部の奉仕者ではない」と規定しています。これは，戦前の天皇主権から国民主権への転換にともなう公務員の地位の根本的な変化にもとづくものです。すなわち，戦前の「官吏」が天皇の使用人であったことへの反省として，公務員が国民全体の利益に奉仕しなければならない旨を規定したのです。

　地公法は，これをうけ，服務の根本基準として，「すべて職員は，全体の奉仕者として公共の利益のために勤務し，且つ，職務の遂行に当っては，全力を挙げてこれに専念しなければならない」と定めています（30条）。この規定は，日本国憲法のもとで要請される公務員のあり方を規定したものであって，この規定をもって，教職員の自由や権利を制限する根拠とすることはできません。

（2）　教職員が負う義務

　地公法は，教職員が負う義務として，職務命令に従う義務（32条），信用失墜行為の禁止（33条），守秘義務（34条），職務専念義務（35条），政治的行為の制限（36条），争議行為等の禁止（37条），営利企業への従事制限（38条）などの規定をおいています。

　詳しくは別に論じますが，政治的行為や争議行為の禁止は，教職員の憲法上の人権を規制するものであり，そもそも憲法違反の疑いの強いものです。また，日の丸・君が代問題にみられるように，職務命令自体の適法性・合憲性が問題となることもあります。ここでは，職場で問題となることの多い信用失墜行為と守秘義務について論じることとします。

a）　信用失墜行為

　地公法33条は，「職員は，その職の信用を傷つけ，又は職員の職全体の不名誉となる行為をしてはならない」と定めています。ここでいう「信用失墜行為」は，勤務時間内の行為に限られません。具体的にどのような行為が「信用失墜行為」に当たるかについては，それぞれのケースについて，健全な社会通

念にもとづいて判断するものとされています。

　このように「信用失墜行為」は，曖昧で適用範囲の広い概念ですから，この条項を濫用して，教職員の正当な行為や権利を侵害することがないように注意が必要です。

　研究会での教育実践の報告が，児童・生徒や保護者のプライバシーを侵害するものだとして，「信用失墜行為」あるいは後述する守秘義務違反に当たるとされる例もみられます。児童・生徒や保護者の了解を得るとか，対象者が特定されないようにするなどの配慮はもちろん必要ですが，教職員の研究発表にたいして直接服務を持ち出してくることは，本来筋違いでしょう。また，組合としてのビラ配布や宣伝行動にたいして，「信用失墜行為」だとして，管理者が介入するケースもみられますが，特別な事情がないかぎり，不当な拡大適用といえるでしょう。

b）　守秘義務

　地公法34条は，「職員は，職務上知り得た秘密を漏らしてはならない」と定め，違反行為にたいしては罰則が科されます（同法60条2号）。ここでいう「秘密」とは，行政実例では，「一般に了知されていない事実であって，それを了知せしめることが一定の利益の侵害になると客観的に考えられるもの」とされています。

　実際には，学校の統廃合など教育行政をめぐる問題について，教職員が保護者や住民に説明をおこなうことが，管理者から「守秘義務」違反と指摘される例もあるようです。職員会議等で知った情報の取り扱いについては慎重な配慮が必要です。しかし，保護者や住民が関心を抱く問題については，情報を公開しないことのほうが問題ではないでしょうか。保護者や住民に知らせるべきだと思われる情報については，職員会議等で，情報を公開することを求めていくことが大切です。

（3）　不当な「事情聴取」等にたいする対応

　教職員に服務規律違反があった場合は，懲戒処分の対象となります。後述するとおり，懲戒処分をおこなうには，適正な手続きを経ることが必要です。

　ところが，実際には，何か問題が起こった場合に，管理者が正式な手続きを踏まないで，「事情聴取」と称して，長時間本人を拘束し，退職等の不利益な

処遇を認めさせようとするケースがみられます。

　社会的常識に反するようなかたちでの退職強要は，不法行為となり，損害賠償の対象となります（下関商業高校事件・最一小判 55.7.10〈労判 345 号 20 頁〉）。場合によっては，監禁罪や強要罪にも該当します。

　理不尽な「事情聴取」にたいしては，毅然として異議を述べましょう。同僚などの同席を求めることも効果的です。

第5章

教職員の自由と権利

1． 教職員の地位と権利・義務

1． 教職員の地位と身分保障

　教職員は，国立学校を除き，地方公務員として，地方公務員法（地公法）の適用を受けます。ただし，教育に携わるという点から，一般の地方公務員とは異なる規定が設けられています。

　教育公務員特例法（教特法）によって，政治的行為の制限については，国家公務員と同様の規制を受けます。しかし，罰則の適用はありません（18条）。

　また，教職員の任免は自治体の長ではなく，自治体の教育委員会がおこなうこととされています。もっとも，都道府県に採用された教職員の日常の監督や勤務評定は，市町村の教育委員会がおこなうものとされています。

　教職員は，法律で定める場合以外は，本人の意思に反して，降任，免職などの不利益な取り扱いを受けないことが保障されています（身分保障・地公法27条2項）。これは，公務員が「全体の奉仕者」として，上司等からの不当な圧力に屈することなく，住民に継続的な公共サービスを提供することを目的としているからです。

　この点について，ILO・ユネスコ「教員の地位に関する勧告」（1966年9月）は，「教職における雇用の安定と身分保障は，教員の利益にとって不可欠であることはいうまでもなく，教育の利益のためにも不可欠なもの」（45項）と位置づけています。

2．分限処分

（1）　分限処分の要件

　教職員にたいし，免職，降任，休職などの人事上の取り扱い（分限処分）を
おこなうには，法律や条例の定める要件と手続きに従うことが必要です。

　地公法は，降任，免職することができる場合として，①勤務実績が良くない
場合，②心身の故障のため，職務の遂行に支障があり，またはこれに堪えない
場合，③前二号に規定する場合のほか，その職に必要な適格性を欠く場合，④
職制若しくは定数の改廃または予算の減少により廃職または過員を生じた場合
を定めています。①〜③は，専ら本人の能力，実績にかかわる要件で，④は民
間企業の「整理解雇」に当たる場合です（28条1項）。

　また，教職員が，「心身の故障のため，長期の休養を要する場合」と「刑事
事件に関し起訴された場合」には，休職することができると定められています
（28条2項）。

　分限処分は，法律の原則に則ったものでなければなりません。地公法では，
平等取り扱いの原則（13条），公正の原則（27条1項），労働組合活動を理由と
する不利益取り扱いの禁止の原則（56条）が定められています。また，人事院
規則11-4は，降任，免職，休職の要件などについて具体的に規定していま
す。

　分限処分に当たる事由があるかどうかは，任免権者（一般には都道府県教育
委員会）が判断するものとされています。しかし，分限処分が法律・条例の定
める原則に違反している場合や，「著しく客観的妥当性を欠き，明らかに条理
に反するような場合」には，裁量権の逸脱・濫用として，分限処分は無効とな
ります（北九州市民病院事件・福岡高判昭62.1.29）。

（2）　条件付任用と分限免職処分

　一般の地方公務員は，採用後6カ月の勤務を経て正式な職員となるものとさ
れています。これを「条件付採用」といいます（地公法22条1項）。民間企業
の「試用期間」と同様のものと考えてよいでしょう。

　教職員の場合，教特法で「条件付採用」の期間が1年間とされ，その間，
「初任者研修」が義務づけられています（12条，23条）。そして，採用後1年を

経過した時点で,「指導力不足」などの理由で教育委員会から退職を迫られたり, 分限免職されるという事例が問題になっています。

試用期間中の労働者の解雇は, 試用期間経過後と同一とはいえないまでも, 社会的に相当とされる正当な理由がなければ許されません。また, 公正に採用された以上, 教職員としての適性はもっているのが通常です。したがって, 教職員として「不適格」であるという特別の事情がないかぎり, 正式な職員となると考えるべきです。教職員の力量は, 何よりも教育実践の積み重ねで裏付けられるものでしょう。ですから, 1年間で教職員としての「適性」の有無を判断するという運用のしかたは改められなければなりません。

近年, こうした「条件付採用」ののち退職を迫られた事案について, 任免権者の判断が「客観的に合理性をもつものとして許容される限度を超えた不当なもの」であるとして, 分限処分を無効とする裁判例も出されています。

3. 懲戒処分

(1) 懲戒処分の要件

教職員が法律や条令で定める義務に違反した場合,「戒告, 減給, 停職又は免職」という懲戒処分を受けることがあります (地公法29条1項)。

懲戒処分に関しては, 任命権者に一定の裁量が認められるとされていますが, 裁量には限界があり,「懲戒権者の裁量権の行使に基づく処分が社会観念上著しく妥当を欠き, 裁量権を濫用したと認められる場合」は, 懲戒処分は無効であるとされています (最三小判昭52.12.20)。

また, 懲戒処分は, 本人の意に反して重大な不利益を与える処分ですから, 法律や条令の定める原則や手続きに則っておこなわなければなりません。

この点に関して, 適正手続きの保障を重視して, 中学校教諭にたいする懲戒免職処分を取り消した裁判例も存在します (福岡高判平18.11.9〈労判956号69頁〉最高裁で確定)。

この事件は, 飲酒運転と生徒の成績など名簿を保存した光磁気ディスクの紛失を理由として懲戒免職処分を受けた教諭が, 処分の取り消しを求めた事案です。裁判所は, 事実関係に照らして, 懲戒免職処分は重過ぎるとして, 懲戒免職処分を取り消しました。この事件では, 懲戒免職処分にいたるまでの手続きの公正も大きな問題となりました。判決は,「懲戒処分のような不利益処分,

なかんずく免職処分をする場合には，適正手続きの保障に十分意を用いるべきであって，中でもその中核である弁明の機会については例外なく保障することが必要である」と述べています。そのうえで，本件では，弁明の機会が与えられていないと判断しました。処分をおこなう側が「事情聴取」をおこなったことは，弁明の機会を与えたことにはならないと述べていることは重要です。

懲戒の手続きについて，ILO・ユネスコ「教員の地位に関する勧告」は，「すべての教員は，一切の懲戒手続の各段階で公平な保護を受けなければならない」（50項）としたうえで，とくに，以下の権利を強調しています。

① 懲戒の主張およびその理由を文書により通知される権利
② 問題の証拠を十分に入手する権利
③ 教員が弁護準備に十分な時間を与えられ，自らを弁護し，または自己の選択する代理人によって弁護を受ける権利
④ 決定およびその理由を書面により通知される権利
⑤ 明確に指定された法定資格を有する当局ないし機関に異議を申し立てる権利

（2） 私生活上の非行と懲戒処分

地公法は，「職員は，その職の信用を傷つけ，又は職員の職全体の不名誉となるような行為をしてはならない」（33条）とし，職員に「全体の奉仕者たるにふさわしくない非行のあった場合」は懲戒処分をすることができるとしています（29条1項3号）。

そこで，教職員が私生活上おこなった「非行」が懲戒処分の理由となるかどうかが問題となります。最近では，飲酒運転をおこなった場合に「即，懲戒解雇」という取り扱いが許されるかどうかが問題となったケースが多くみられます。

事案によって結論は異なりますが，「懲戒免職処分は，当該公務員の半生を棒に振らせるに等しいのであるから，懲戒免職処分を行う際には，処分権者の側にも相応の慎重さが求められる」と指摘したうえで，「酒気帯び運転の原因や動機，酒気帯び運転の前後における被控訴人の態度，懲戒処分等の処分歴，日常の勤務状況，国家公務員や他の地方公務員における処分との均衡，処分を受ける公務員の受ける不利益の程度」などを考慮して，懲戒免職処分は裁量権

の濫用として無効であると判断した裁判例も出されています（大阪高判平21.4.21）。

4．人事に関する不服申し立て

分限処分や懲戒処分に納得がいかない場合は，人事委員会あるいは公平委員会に不服申し立てをおこなうことができます。人事委員会あるいは公平委員会は，不利益処分にたいする不服申し立てについて裁決をおこないます（地公法8条，9条）。

人事委員会あるいは公平委員会の裁決に不服がある場合，あるいは申し立て後3カ月を経過した場合は，裁判所に処分の取り消し訴訟を提起することができます（行政事件訴訟法8条）。また，不服申し立てと同時に裁判所に提訴することも可能です（同法8条2項2号参照）。

不利益処分以外にも，勤務条件について要求がある場合は，人事委員会あるいは公平委員会にたいして適切な措置を講ずるよう請求することができます。

勤務条件に問題があるときや不当な処分がなされた場合は，あきらめずに，不服申し立てや措置要求をおこないましょう。もちろん，労働組合を通じて交渉をおこなうことも重要な手段のひとつです。

5．免許更新制

2009年4月から教員免許状の有効期間をさだめ，更新講習を義務づける制度が実施されていました。

09年4月以降に授与される免許状には，10年の有効期間が設定され，免許状の更新のために30時間以上の「更新講習」の受講が義務づけられました。終了確認期限までに更新講習修了確認を受けないと免許状が失効してしまうことになりました（同法9条，10条）。

制度導入当初から，様々な問題が指摘されてきました。ただでさえ忙しい教員が夏休みなどの長期休暇を使い，しかも費用は自己負担で，講習を受けねばならないこと，日常の忙しさの中で更新を忘れ，免許失効になってしまった現職教員が続出したこと，期限付き免許制度になったことで教員の魅力も減少し，教員不足にますます拍車がかかったことなどです。現場教員からも廃止を求める声が多数にのぼり，とうとう文科省は2022年国会で廃止法案を提出し，

同年7月から，教員免許更新制度が廃止されました。しかし，文科省はこれを「発展的解消」と位置づけ，新たな研修制度とその受講履歴を管理することを目指している模様で，新たな管理強化が進められる危険があります。またこの10年の間で講習忘れなどで，失効してしまった免許については，何ら救済策がないことも問題です。

　もともと教員免許更新制度は，安倍第1次内閣の教育再生会議で，「不適格教員の排除」という目的に沿って導入が検討されたもので，教育行政への介入という側面が強いものでした。現場の教員の声で廃止に至ったことは，重要な経験ですし，新たな研修制度で，さらなる管理強化が進むことには，反対することが必要です。

2．職場におけるハラスメント

1．ハラスメントとは

　一般に「ハラスメント」とは，「嫌がらせ，いじめ」を指すとされています。ある人の，他者にたいする発言や行動が，本人の意図には関係なく，相手を不快にさせたり，尊厳を傷つけたり，不利益を与えたり，脅威を与えることを指します。

　ハラスメントのなかでも，パワーハラスメントとは，組織における立場を利用した嫌がらせの意味です。セクシャルハラスメントとは性的な言動で相手を不快にさせる嫌がらせの意味です。両者は重なっている場合もあり，厳密に区別することはできません。

　職場におけるハラスメント問題は，いじめる側の人格的な問題であるというだけでは解消できません。その原因には職場の働く環境の悪化があることが指摘されるようになってきました。職場のなかでの業務の困難さやそれにともなうストレスによって，職場の人間関係に生じるひずみがハラスメントであり，ハラスメントのある職場はけっして健全とはいえません。ハラスメントは，相手の人格を深く傷つけるとともに，その人の働く意欲と能力を低下させ，さらには職場の全体の秩序も乱れ，業務全体にも支障も生じさせます。

2．学校現場におけるハラスメント

（1）　増加する学校現場のハラスメント

　以前は，学校職場は比較的ハラスメントの少ない職場といわれてきました。それは教職員は，子どもの教育をつかさどる職業であり，教育専門職として裁量性も専門性も認められているため，子どもの教育活動に関しては管理職との関係でも同僚との関係でも，基本的には対等・平等とされてきたからです。

　しかし，近年は，学校現場はむしろハラスメントの多い職場として指摘されるようになりました。

　ハラスメントの起こりやすい職場の特徴として挙げられるのは，次のような点です。忙しすぎる／精神面での不安定感を増すような労働環境／労働遂行における自主性が欠如している／管理職と部下との間の権限の不均衡がある／透明性を欠いた非民主的な経営手法がなされている／従業員間の平等と尊重の原則が守られていない，等。残念ながら，近年の学校現場はこうした特徴を持つ職場となってしまっており，学校現場におけるハラスメントの増加も不思議な事態ではありません。

　ハラスメントは，多くの場合密室でおこなわれることが多く，性質上正確な実数把握は困難な面がありますが，いくつかの調査から，ハラスメントが実際に学校職場に広がっていることが推認できます。

　ひとつは，教職員の精神疾患による病気休職者の急増です。文科省によれば，精神疾患で休職する教員数は1997〜99年度は毎年1,600〜1,900人程度，2000年〜2002年度は毎年2,300〜2,700人程度でした。それがその後急増し，2007年度から2020年度まで毎年5,000人前後でずっと推移しています。この背景には職場のハラスメントの増加もひとつの要因として考えられます。

　また，公務上の災害と認定された事例の特徴をみても，ハラスメントの多い職場の実態が浮かび上がってきます。すなわち，精神疾患が業務によるものと認定されたケースについて，何が負荷要因となっていたかを職種別に比べてみると，義務教育学校職員の場合，「住民等との関係」「対人関係」が大きな割合を占めていることがわかります。「住民等との関係」や「対人関係」の中に，ハラスメントと考えられる事例も含まれていることは想像に難くありません。

表1　学校におけるハラスメントの状況

- **セクハラを受けた**
  実際被害を受けた　　7.8%
  見聞きした　　　　　10.7%
  相談を受けた　　　　3.7%
- **セクハラの加害者は**
  同僚　　53.1%
  校長　　16.4%
  教頭　　14.1%
- **セクハラの内容**

容姿・年齢・私生活などを話題にされた	23.20%
結婚，妊娠出産に関することを話題にされたり非難された	15.00%
必要以上に接近されたり，わざと体を触られた	13.90%
おばさん，女の子などと呼ばれた	12.60%
卑猥な内容の話を聞かされたり，行動を見せられた	7.40%
お酌や飲食を強要されたり，席を限定された	4.80%

- **パワハラを被害を受けた**
  被害を受けた　　12.2%
  見聞きした　　　12.4%
  相談を受けた　　3.9%
- **パワハラ加害者は**
  校長　　37.9%
  教頭（副校長）　　24.9%
  同僚　　19.2%
- **パワハラの内容**

適切でない表現で指示・指導をうけた	32.30%
適切でないタイミング・場所で指示・指導をうけた	17.60%
暴力，無視，陰口	9.00%
仕事の押しつけ	7.80%
意図的に過剰な仕事を与えられる，与えられない	5.40%
年休生理休暇など正当な権利行使を認めない	4.90%

注）全教女性部調査。

3．全教青年部によるアンケート調査から

　全教青年部は，2019年8月から12月にかけて「青年教職員に対するハラスメントについての調査2019」を実施しました。29都道府県の811人から回答がよせられ，回答者の年齢構成は，20代382人，30代367人，その他43人，

表2　回答者がこれまで受けたハラスメントの有無

(%)

	全 体	男 性	女 性	東 京	大 阪	和歌山
ある	37.4	31.8	41.4	53.8	47.7	22.9
ない	60.8	66.8	56.5	43.8	49.5	75
NA	1.8	1.4	2.1	2.4	2.7	2.1

注）全教青年部調査。

表3　回答者がこれまで受けたハラスメント行為

(%)

項　目	全体	男性	女性	東京	大阪	和歌山
適切でないタイミング・場所で指示・指導をうけた（子どもや保護者の前など）	11.6	11.0	12.1	20.8	15.3	3.2
適切でない表現で指示・指導をうけた（人格否定発言，差別的発言など）	11.4	9.3	12.9	22.4	11.7	3.2
怒鳴られた，過剰な叱責をうけた	9.7	8.4	10.6	18.5	9.0	3.7
陰で悪口をいわれた	8.9	7.5	9.9	14.2	16.2	3.2
管理職が正しいと思うことを一方的におしつけられた	7.8	6.8	8.6	13.2	10.8	3.7
セクシャルハラスメントをうけた	7.5	0.8	12.4	9.8	12.6	5.3
職務上必要でない，あるいは適切でない仕事を指示された	6.9	6.0	7.6	11.3	14.4	1.6
残業（時間外労働）を強制された	5.7	6.1	5.4	9.8	7.2	2.1
時間外の飲み会などに強制的に参加させられた	5.7	4.3	6.7	9.8	9.0	0.0
年休など正当な権利行使を認められなかった（難癖をつけられた）	5.3	3.9	6.1	9.2	5.4	3.2
私生活について執拗に聞かれた	4.3	2.3	5.8	6.1	5.4	2.7
無視された	4.2	2.6	5.4	6.3	9	2.7
仕事の内容を事細かにチェックされた（行き過ぎ）	3.8	3.9	3.8	7.9	5.4	2.1
仕事の失敗を執拗に追及された	3.6	3.9	3.3	7.4	2.7	0.5
解雇（転職・退職），任用継続の拒否とうけとれる言動をうけた	3.3	2.9	3.7	7.1	4.5	1.6
意図的に過剰な仕事を与えられた	2.5	3.0	2.2	4.2	3.6	0.5
管理職から組合加入の是非（やめろ・入るななど）についていわれた	2.3	1.6	2.9	4.7	3.6	0.0
意図的に仕事を与えられなかった	1.4	1.2	1.5	1.6	0.9	0.5
暴力をうけた	0.5	0.6	0.4	0.8	0.0	0.5
その他	2.8	1.9	3.5	3.7	2.7	1.1

注）全教青年部調査。

表4　ハラスメントを受けた相手

(%)

	全体	男性	女性
校長	34.0	35.0	33.4
教頭（副校長）	30.9	31.8	30.4
同僚（先輩・主幹など）	54.2	50.2	56.5
同僚（同期）	1.5	2.2	1.0
同僚（後輩）	1.3	1.8	1.0
職場ぐるみ	2.1	3.6	1.3
初任研等指導員	5.7	4.0	6.6
その他	3.2	3.1	3.3

注）全教青年部調査。

表5　初任者研修の際に受けたハラスメント
　　の有無

(%)

	全　体	男　性	女　性
ある	20.3	19.9	20.6
ない	79.7	80.1	79.4

注）全教青年部調査。

表6　初任者研修の際に受けたハラスメント行為

(%)

項　目	全体	男性	女性
条件附採用期間であることをことさら強調された	9.1	9.3	8.9
過大なレポートをだされた	4.2	4.5	4.0
適切でないタイミング・場所で指示・指導をうけた（子どもや保護者の前など）	3.9	3.7	4.1
怒鳴られた，過剰な叱責をうけた	3.9	3.7	4.0
適切でない表現で指示・指導をうけた人がいる（人格否定発言，差別的発言など）	3.8	3.2	4.3
残業（時間外労働）を強制された	2.6	3.2	2.2
時間外の飲み会などに強制的に参加させられた	2.5	1.8	3.0
仕事の失敗を執拗に追及された	2.1	2.0	2.2
職務上必要でない，あるいは適切でない仕事を指示された	2.0	2.0	2.1
年休など正当な権利行使を認められなかった（難癖をつけられた）	1.7	1.7	1.7
管理職から組合加入の是非（やめろ・入るななど）についていわれた	1.7	1.0	2.2
解雇（転職・退職）とうけとれる言動をうけた	1.4	1.3	1.4
セクシャルハラスメントをうけた	0.9	0.2	1.6
その他	0.9	0.7	1.0

注）全教青年部調査。

記入なし19人。校種別では，小学校が102人，中学校64人，高等学校435人，特別支援学校199人，その他2人，記入なし9人でした。

　この全教青年部による全国的アンケート調査結果は，教育現場のハラスメント実態をみるうえで参考になる資料です。

　パワハラについては，「よくある」「ときどきある」と回答した人があわせて31.9％にも上ります。校種別では多い順に小学校（49.5％），中学校（39.1％），特別支援（31.4％），高校（27.1％）です。男女比では，男性が26.8％に対し，女性は35.5％となっており，女性の方がハラスメントを受けやすい実態がみえました。

　ハラスメントの「具体的内容」として一番多かったのは「相手が正しいと思うことを一方的に押しつけられた」（53.4％），続いて「怒鳴られた，過剰な叱責をうけた」（35.6％），「適切でないタイミング・場所で指示・指導を受けた」（34.0％），「陰で悪口を言われた」（32.8％）となっており，指導に名を借りたハラスメントが多く，経験の浅い青年教職員が弱い立場に立たされていると考えられます。

　「誰からハラスメントを受けているか」については，小学校では管理職が56.0％で同僚が52.0％，中学校では管理職52.0％・同僚44.0％と管理職によるものが多く，高校は管理職35.3％・同僚75.9％，特別支援は管理職41.7％・同僚66.7％と，同僚からが多いという結果となりました（いずれもパワハラについて）。管理職からだけでなく，同僚からのハラスメントが多いという実態に注視する必要があります。全教青年部は，こうした結果の背景に，相談しあい，学びあう同僚性が希薄化していること，管理職だけでなく同僚でさえ序列的な関係になっている現場の実態があることを指摘しています。

4．新採1年目の新人教師をめぐる問題

（1）　1年目の先生が辞めていく

　ハラスメントの問題で指摘しなくてはならないのは，新採1年目の教師の問題です。近年，新採1年目の教師が1年もたたずにやめていく，2年目に本採用されないという問題が指摘されています。職場でのハラスメントが背景にあるといわれています。

　文科省発表の『教育委員会月報』によれば，新採教師1年後の採用状況は表

7「条件附採用制度の1年後の採用状況について（文科省調べ）」でも明らかなとおり，従来，正式採用とならなかった人数は数十人だったのが，2000年代に入ってから急増し，02年には100人を，07年度から300人を超え，2018年度はついに400人を超えて443人となりました。なお，表7のなかで，「不採用」と表記されているのは，「分限免職」と同じで，一方的な免職処分をこのように呼称しているにすぎません。

非採用者のほとんどは「依願退職」という理由で，退職をしています。しかし，そのなかには「不採用決定者」，つまり不採用という結果を受け自ら退職を選んだ人がおり，その数も年々増加しています。また「病気」を理由にした依願退職者が100人前後まで増えており，病気のうち，そのほとんどが精神疾患です。

この表はあくまでも条件付採用期間である1年を経過したのち，正式採用に当たって，採用されなかった新採教師の数を把握したものであり，条件付採用期間の1年の途中でやめてしまった場合の数は反映していません。この数を反映すれば，より多くの新採教師が職場を去っていることが分かります。

（2）　新採1年目の過労自殺事件

新人教師が精神的に追い詰められ，自殺に追い込まれる事例も出ています。

静岡県磐田市のKさんは，04年4月に市内の小学校に新規採用されました。新人1年目から学級担任をしましたが，指導困難な子どもを抱え，保護者のクレームに加え，管理職などからも，「おまえの授業が悪いから荒れる」，「アルバイトじゃないんだぞ」，「問題ばかりおこしやがって」などと責め立てられていました。Kさんは，「本当に必死な毎日」「必死にならなければ毎日を過ごせない状態」（日記より）と奮闘しましたが，クラス状況は改善されず，うつ病を発症し，半年後の9月，自殺という最悪の選択に追い込まれました（地方公務員災害補償基金で公務外認定ののち，静岡地裁で処分取消判決2011年12月15日）。

また，東京都新宿区のAさんは06年4月に採用され，1学年1クラスの小学校のある学年を担任。保護者と交換する連絡帳に，教師の指導に疑問を示す書き込みがされるようになると，管理職から「保護者に電話して謝るように」と指導されたり，些細なミスを管理職から指摘され，その穴埋めの残業を強い

表7　条件附採用制度の1年後の採用状況について（文科省調べ）

年度	1997	1998	1999	2000	2001	2002	2003	2004	2005	2006	2007
不採用	0	0	0	1	1	4	1	7	2	4	1
依願退職	36	34	48	33	52	94	107	172	198	281	293
うち不採用決定	—	—	—	—	—	13	10	15	16	14	12
うち病気による	6	5	11	5	14	15	10	61	65	84	103
死亡退職	2	1	3	2	1	2	1	5	6	5	5
分限免職	1	1	0	0	0	0	0	3	0	1	0
懲戒免職	2	1	0	3	1	2	2	4	3	4	2
1年後の非採用者合計	41	37	51	39	55	102	111	191	209	295	301

年度	2008	2009	2010	2011	2012	2013	2014	2015	2016	2017	2018
不採用	4	2	2	4	1	3	1	0	3	3	0
依願退職	304	302	288	299	348	340	311	302	339	358	431
うち不採用決定	10	27	20	16	20	13	11	13	9	15	21
うち病気による	93	86	101	118	122	92	93	92	110	119	111
死亡退職	2	9	3	4	2	2	5	2	5	6	2
分限免職	0	0	0	1	0	0	0	1	0	1	0
懲戒免職	5	3	3	6	4	6	6	11	3	9	9
1年後の非採用者合計	315	316	296	315	355	351	323	316	350	377	443

注）『全教のあゆみ』343頁

られたりしていました。そして，うつ病を発症し2カ月後の6月に自殺。「無責任な私をお許し下さい。全て私の無能さが原因です。家族のみんなごめんなさい」とノートに書き残していました（東京都地方公務員災害補償基金審査会で公務上認定・2010年3月5日）。

　さらに，06年4月に東京都西東京市の小学校教諭として採用された新採教諭（Bさん）が，同年10月に自殺を図り，意識が回復しないまま12月に死亡した事案もあります。Bさんは，担任した学級の児童による万引き疑惑が浮上したことをうけ，校長から対応を指示されてこれを保護者に伝えましたが，保護者から激しく抗議され，副校長や主幹でも対応できずに校長が謝罪する事態となりました。その後もBさんの学級では児童複数名の上履きが隠されるなどのトラブルが続きました。他方，Bさんは，初任者研修として月1，2回程度の校外研修，及び週10時間の校内研修を受けており，6月には校内研修レポートの提出ができず，家族に「学校に行けない」と訴え，7月には反応性うつ病等と診断されていました（地方公務員災害補償基金で公務外認定ののち，東京地裁で処分取消判決2016年2月29日，東京高裁も同判断を維持2017年2月23日）。

（3）　何が新人教師を追い詰めるのか

　上記の事例で共通しているのは，子どもや保護者との信頼関係がうまく構築できない状況に，新人教師が大きなストレスを感じていることです。しかし，これは教師であれば多かれ少なかれ，だれもが体験することともいえます。

　問題なのは，こうした新人教師のストレスや悩みに，周囲の管理職，同僚がサポートする体制ができていないことです。新人教師は，初めての慣れない仕事をかかえ，保護者，子どもとの信頼関係がうまく構築できず，先輩である同僚や管理職に助けを求めたいと考えていても，同僚や管理職に新人をサポートする姿勢が少ない，むしろ，うまくできない新人のほうが悪いという対応をしてしまう，このことが余計に新人教師を孤立させ，どうにもできないという閉塞感と自責の念に追い込んでいるといえます。

　このような周囲の無関心，新人に負担を押しつけてしまう職場の関係の背後には，現在の教職員にたいする成果主義的人事政策に加え，職階の多層化や職員会議の形骸化などによる同僚性の希薄化，上意下達的学校運営があるといえ

ます。

　すなわち，88年から新採教師の条件付採用期間を1年に延長する制度が初任者研修とともに始まりました。他方，2000年，東京都を皮切りに新たな人事考課制度が始まり，これは一気に全国に広がりました。「職員の資質能力の向上および学校組織の活性化をはかる」ことを目的に，校長がSからDまでの5段階の業績評価をおこない，この評価が各教職員の給与等勤務条件にも結びつくとされています。さらに，01年地教行法改正では「指導力不足教員」への人事管理も強化されました。少しでも学級経営や授業がうまくいかないと，「指導力不足教員」とレッテルを貼られ，場合によっては分限免職もあり得るのです。このような人事政策のなかで，教職員の間にも相互に競争，対立，攻撃という関係がはびこるようになります。さらに，従来は校長・教頭という管理職以外には教諭しかいないというフラットな職制だったのに対し，07年学校教育法の改正によって，校長→副校長→主幹教諭→教諭という多層化した職階となりました。これにともなって校長主導によるトップダウンの運営体制が強化され，加えて06年4月に東京都教育委員会が発出した「職員会議での挙手・採決の禁止」の通知にみられるような，職員会議の形骸化も進みました。

　このように，相談しあい，学びあう同僚性が希薄化していること，管理職だけでなく同僚でさえ序列的な関係になっている現場の実態があります。そして「条件付採用」制度が乱用され，立場の弱い新採1年目の新人教師にしわ寄せが行き，攻撃の対象とされてしまうのです。

5．職場からハラスメントをなくすために

（1）　1人で悩まない

　現在の学校には，子ども，保護者，教育行政などからさまざまな要望が寄せられ，少しでもその要望にこたえるため，教職員は長時間，過密労働に従事せざるを得ません。職場のなかでのハラスメントの背景には，このようなきびしい職場環境があるのであり，いじめる側，いじめられる側の個人の人格的問題だけではけっして解消できません。

　たとえ，ハラスメントを受けても，「自分が悪いのだ」と自分だけの問題として抱え込まないことが大切です。職場の同僚，組合，弁護士など相談できる

ところにまずは相談しましょう。問題の本質は何か，自分だけではなく客観的に捉えることが大切です。そうすれば自分だけの問題ではない側面が必ず見えてきます。

（2）　行政も対策を開始

　セクハラは，改正男女雇用機会均等法 11 条で，不利益を受けることのないよう必要な措置を講じ，適正な実施のために「指針」を定めることになっています。これをうけて，都道府県や市区町村は「セクハラ防止条例」を定めていますし，加害者には処分も課せられます。管理職にはセクハラ研修などの対策もとられています。

　パワハラについては，2020 年 6 月にパワハラ防止法（改正労働施策総合推進法）が施行され，国によりパワーハラスメントの公的な定義が定められるとともに，防止措置を講じることが事業主の法的義務となりました。同法に基づいて定められた指針では，職場のパワーハラスメントを，①優越的な関係を背景とした言動であって，②業務上必要かつ相当な範囲を超えたものにより，③労働者の就業環境が害されるものであって，①〜③までの要素をすべて満たすものをいう，としています。そして，事業主が講じるべき措置としては，「周知・啓発」，「相談体制の整備（相談窓口の開設）」，「発生した場合の迅速かつ適切な対応（事実確認，事後対応）」が挙げられています。加えて，パワハラについて相談したこと等を理由として，解雇その他の不利益な取扱をすることも，明文で禁止されました。

　このパワハラ防止法は，決して十分なものではありません。まず，同法はパワハラを禁止したものではなく，防止措置を講じることを事業主の法的義務としたにとどまります。また，パワハラの定義も限定的で，特に「業務上必要かつ相当な範囲」か否かを強調することは，職場内ハラスメントの多くが「指導目的」としてなされる実態に照らし，とても不十分です。

　このように実効性に疑問はありますが，とはいえ大切な第一歩でもあることも間違いないので，活用すべきところは工夫して使っていくべきでしょう。

　なお，教育現場については，2020 年 3 月 19 日付けの文科省通知が出されています。そこでは，パワハラ防止措置の義務等は，学校を設置する教育委員会に課せられたものと明記されています。そして，パワハラを防止するための措

置を講じる「職場」としては勤務時間外の「懇親の場」や，社員寮，通勤途中等も含むとされています。相談窓口については教育委員会だけに設置するのではなく，各学校内に対応できる体制を整えることや，教育委員会や学校外の窓口，たとえば弁護士なども活用するとしています。さらに，パワハラの対象は教職員間に限らず，児童・生徒や保護者に対するもの，あるいは児童・生徒や保護者からのもの，教育実習生に対するものなども含むと記載されていることは，重要です。

（3）　支え合う職場の重要性

　学校現場は，矢継ぎ早の「教育改革」のもとで，教職員は提出書類の増加，会議の増加など，ますます恒常的な長時間過密労働に追い込まれています。一方で教育委員会や管理職による締めつけがいっそうきびしくなり，教師たちの余裕はなくなってきています。そのうえ，新しい人事管理システムのなかで，職場の教職員は，従来あった教職員間の共同，協力という関係が困難となり，むしろ対立，競争，攻撃という関係がはびこるようになっています。

　対立，競争，攻撃という関係がはびこる職場ではハラスメントは必然的に起きてきます。ハラスメントをなくすためには，このような人事政策そのものを改善する必要があります。

　同時に，分断され，孤立化している教職員にたいして，仲間として，同僚として支え合うことがぜひとも必要です。過労自殺などの例をみても分かるように，被災した人の共通の悩みは「孤立」です。職場に援助し協力してくれる同僚や先輩がいるかいないかは決定的に重要です。教職員がお互いに支え合う職場をいかにつくるかが決定的に重要であり，その意味で組合もかけがえのない存在であるといえます。

（4）　ハラスメント対応のヒント

　ハラスメントは，時間が経過するほど感情的な対立がエスカレートしたり，被害者のメンタルケアが必要になる等，深刻化してしまいます。そのため，とにかく早期の気づきと迅速な対応が必要となります。

　たとえば次のようなことはないでしょうか。特定の人にだけ悪い評判が立つ，特定の人にだけ非難が集中している／会話が少なくなった，笑い声がなく

なった／びくびくしたり，おどおどしたりするようになった人がいる／特定の人だけ離席することが多くなった／業務のパフォーマンスが急に低下した／病気で欠勤する人が増えている，等。これらは問題発生のサインです。すでにその人は SOS が出せなくなってしまっているかもしれません。だからこそ，そういう人に声をかけてほしいと思います。

　まずは話を聴くことがとても大切な第一歩です。その場合，無理に話を聞き出そうとせず，話し手のペースを大事にします。聞き手の価値観や判断基準はいったん脇に置き，話し手の考えを尊重します。また，すぐに結論を出す必要はありません。情報を聞くだけでなく，気持ちを聴くように心がけて，共感に努めながら話を聞きます。そうやって 1 人でも共感をしてくれる人が出てくれば，そこから対応のプロセスが始まるわけです。

　ただし，行為者には，多くの場合ハラスメントの自覚がないということを押さえておく必要があります。職場の中で解決に努めようとする場合，微妙なケースについてまで，パワハラか否かの白黒をつける必要はありません。そこでこじれてしまうと，肝心な解決に至らないおそれがあるからです。問題となった行為者の言動についてハラスメントと断定するのを避け，あくまでもコミュニケーションの問題は適切な指導方法の問題等として，行為者に改善を促すことは，ひとつの解決方法です。それでも難しい場合や，あるいは管理職からのハラスメント等，深刻な問題については，対応先を変えていく必要があります。

　大切なことは，職場のなかの共通理解をつくっていくことです。

3．非正規教員の権利

1．会計年度任用職員制度の導入

　2017 年地方公務員法の大幅な改正により，2020 年から会計年度任用職員制度が実施され，教職員のみなさんも適用対象となりました。総務省の調査によれば，2018 年度に 92,494 人であった臨時・非常勤の教員・講師のうち，50,021人が会計年度任用職員に移行しています（会計年度任用職員への移行途中の自治体も多くありましたので，今後非常勤教職員の多くが会計年度任用職員に移行して

いくものと思われます）。

　会計年度任用制度の導入にあたっては，増え続ける非正規公務員の地位を安定させることがその目的としてあげられていました。このブックレット（初版）が発行された前年（2011 年度）でみると，正規教員と長年勤務をつづける常勤講師とでは，その業務内容にはほとんど違いがないにもかかわらず，給与面では大きな格差が生じていました。たとえば大阪の場合，常勤講師の給与は，勤務 25 年目以降，額面 31 万円（1 級 120 号）で頭打ちとなり，30 年目で額面 41 万 2,000 円となる正規教員との間には月額 10 万円以上の差が生じていました。

　非常勤講師の場合は，もっと悲惨です。多くは時間単価で雇用され，講師としての収入だけではとても生活をしていくことができない状況にあります。多くの先生方が，塾の講師など，ダブルワーク，トリプルワークをしなければなりません。年収が 80 万円にしかならず，生活保護を受けながら子どもたちを教えるという信じがたい“現実”も生まれています（『クレスコ』No.113）。

　では会計年度任用職員制度の導入により，こうした悲惨な状況は改善されたのでしょうか。残念ながらそうとはいえないというのが現実のようです。

２．臨時教員の法的地位

（1）　教員採用の原則

　公立学校の教員は，各都道府県の教育委員会や市町村の教育委員会によって任命されます（地方教育行政の組織及び運営に関する法律〈地教行法〉34 条，37 条）。しかし，どちらにせよ各地方公共団体の職員であることには変わりはなく，その身分は原則として地公法によって規律されます。教員の場合，このことを前提に教特法などの特別法による規制がなされるという構造になっています。

　本来，各地方公共団体において必要とされる教員の定数は，法律や条例で厳格に決められています。ですから定数の拡大，欠員により定数を満たさないという事態が生じた場合には，地方公共団体は，その定数に満たすまで教員を正式に採用しなければなりません（地公法 17 条 1 項，地教行法 41 条）。

　従前，非正規の教職員の身分の多くは旧地公法 22 条 2 項の定める臨時的任用でした。しかし，それはあくまで例外的なものでなくてはなりませんでし

た。緊急の場合（正規教員の病休，産休など）ではないにもかかわらず，正規教員と同じような授業数やクラス担任，その他の校務を恒常的におこなう常勤講師の存在は，そもそも法が予定するものではなかったのです。

ところが，後で述べるような事情から，本来ならあくまで例外的であったはずの地方法22条2項による臨時的任用教員という身分のまま，10年，20年，それ以上と勤務をつづけるという事態が常態化しました。このことが非正規の教職員の地位を不安定なものとしてきたのです。本来であれば，法律の定める原則に従って，こうした異常な事態を解消しなければならないはずですが，そうはせずに，会計年度任用職員という新しい身分を導入し，法律を現実にあわせることで法律と現実との間の矛盾を解消しようとしたのです。

（2）非正規教職員任用の法的根拠

旧地公法22条2項による臨時的任用の期間は「6月をこえない」ものでなくてはなりませんでした。ところが法律に従って「6月を超えない」任用を厳守すれば，教育現場はまわりません。そこで各地の行政機関は，最初の6カ月の任用と，次の6カ月の任用との間に，いわゆる「空白の1日」を置くことで，この2つの任用は別々ものであるから，「6月をこえない」と説明してきたのです。会計年度任用職員制度は，このごまかしを解消するためのものです。これにより地方公務員である教職員の任用制度は，以下のようなものとなりました。

〈教員任用の法的根拠〉

    正規教員………………………………………地公法17条1項
    会計年度任用職員
      フルタイム職員………………………地公法22条の2第1項第2号
      パートタイム職員……………………地公法22条の2第1項第1号
    臨時職員………………………………………地公法22条の3
    特別職…………………………………………地公法3条3項
    ＊この他にも定年に際しての再任用制度があります

3．なぜ非正規教員が増えてきたのか

こうした非正規教員の増加は，教育上の必要性からではなく，もっぱら財政

上の都合から政策的につくりだされてきたものです。たとえば，2001年「義務教育諸学校の学級編成及び教職員定数の標準に関する法律」（義務標準法），「公立高等学校の適正配置及び教職員定数の標準に関する法律」（高校標準法）が改悪され，それまで国庫負担の対象となる定数に参入することができなかった非常勤講師を一定比率で定数に参入することができることとなりました。これにより定数の欠員を非常勤講師の採用で埋めることが法制上可能となったのです（いわゆる「定数くずし」）。

また，小泉構造改革の一貫として，2003年に義務教育費国庫負担法が改悪され，それまで2分の1であった国庫負担が3分の1に減額されました。これにより自力で財政負担をおこなうことができない自治体は，正規教員を「安上がり」な常勤講師，非常勤講師に置き換えることで乗り切ろうとするようになりました。

それに加え，2004年，教員の人件費のための国庫負担金が実際の教員数によって定められるのではなく，国が定めたモデルを基準に計算された総額の範囲内で，各自治体の裁量で割り振りができるようになりました（いわゆる総額裁量制）。これにより，自治体の「工夫」により国庫負担金を定数外教員（ほとんどが非正規教員であることはいうまでもありません）の人件費として使うことができるようになり，ますます正規教員の非正規教員への置き換えがすすんだのです。

その結果，膨大な数の非正規教員が生み出されました。このことは単に非正規教員自身の権利の問題だけではなく，正規教員が管掌する公務量の拡大（労働強化）を生み出し，産休補充や突然の欠員などに対応すべき補充者がみつからないという本末転倒な事態を引き起こしています。

政府も，今頃（2022年）になって，ようやく教員不足の解消を言い出すようになりましたが，今日の教員不足は政府の施策の結果なのですから，そのことへの反省なしに根本的な解決はありえません。

4．会計年度任用職員・臨時的待遇

従前の非正規教職員の任用は，旧地公法3条3項3号（非常勤講師），17条1項（期限付任用常勤講師），22条2項（臨時的任用）に区分されていました。今後は，産休補助などの臨時的任用（地公法22条の3）の場合を除けば，会計年

度任用職員に集約されていくものと思われます。そこで，以下ではもっぱら会計年度任用職員の待遇について述べていきます。

（1）フルタイム職員とパートタイム職員

会年年度任用職員は，フルタイム職員（地公法22条の2第1項2号）とパートタイム職員（地公法22条の2第1項1号）とにわけられます。どちらも会計年度（毎年4月1日〜翌年3月31日まで）を超えない範囲での期間を定めた任用である点で共通しますが，常勤勤務の職員の「一週間あたりの通常の勤務に比して短い時間である」（パートタイム職員）か，「一週間あたりの通常の勤務と同一の時間である」（フルタイム職員）かで区分されます。たとえ1分でも「通常の勤務に比して短い時間」であれば「パートタイム職員」として扱われることとなります。これによりほとんど正規職員と変わりない働き方をしていても，勤務時間にわずかな違いをもうけるだけで「パートタイム職員」として扱うことが許されることとなります。

（2）給与・各種手当の取り扱い

フルタイム職員の場合，地自法204条が適用され「給与及び旅費」が支給されなくてはならないとされるとともに（同条1項），条例により「各種手当」，「退職手当」を「支給することができる」とされています（同条2項）。これにより多くの自治体でフルタイム職員にも退職手当，期末手当が支給されることとなりました。この点だけをみれば，なるほど前進なのかもしれません。しかし，従前も手当を支給する条例を制定することが禁止されていたわけではありませんので，果たして制度として「前進」したと評価することができるかどうかは疑問です。

他方，「パートタイム職員」の場合，地自法203条の2が適用され，支給されるのは「給与及び旅費」ではなく，「報酬」「費用弁償」と位置づけられています。これは各自治体の給与条例がそのままでは適用されないということを意味しています。しかも，退職手当や期末手当を含む各種手当の支給は，そのための特段の条例がない限り支給することが法律で禁止されています（地自法204条の2）。ですから当然に手当をもらえるようになるわけではありません。

たとえ1分でも「通常の勤務に比して短い時間」であれば「パートタイム職

員」として扱われることからすれば，こうした違いはあまりに大きな格差を生じさせるものであると思われます。今後は，パートタイム職員を対象とする各種条例の制定が実践的な課題になっていくものと思われます。

またパートタイム職員に対して，「給与」ではなく「報酬」を支払うとしていることは，パートタイム職員を，その職場を構成する同僚ではないとすることと変わりありません。これは言葉の問題だけでない問題を含んでいます。

（3）社会保険などの取り扱い

ア）フルタイム職員

正規教員の場合，任用と同時に地方公務員共済に強制加入となります。ところが，地方公務員共済組合法施行令が改悪され，正規教員ではない教員については，「引き続いて十二月を超えるに至った者で，その超えるに至った日以後引き続き当該勤務時間により勤務することを要する」（施行令2条5号）とされ，任用時から共済組合に加入することはできません。そのためフルタイム職員であっても，任用1年目までは全国健康保険協会管掌保険（協会けんぽ），厚生年金保険，雇用保険に加入することとなります（ただし任用期間2カ月以上の場合）。また業務上災害についても「非常勤職員の公務災害補償等条例」や「労災保険」の取り扱いとなります。そのうえで任用期間が1年を超えるとき（再任用）には，正規職員と同じ扱いとなります（公立学校共済，地方公務員災害補償基金）。いわゆる「空白の1日」の存在により，何年働きつづけても正規職員と同じと扱いをされないことが「普通」であったことからすれば，一歩前進と言えそうです。

イ）パートタイム職員

パートタイム職員の場合，フルタイム職員とはことなり，何年度にもわたり任用を更新されても正規職員と同じ扱いとはなりません。民間のアルバイト職員の場合と同様に，一定の要件のもとに全国健康保険協会管掌保険，厚生年金（①週所定労働時間20時間以上，②雇用期間が1年以上見込まれること，③賃金の月額が8．8万円以上であること，④学生でないこと），雇用保険（①週所定労働時間20時間以上，31日以上継続して勤務する見込み），「非常勤職員の公務災害補償等条例」ないし「労災保険」が適用されます。パートタイム職員の場合，必ずしも退職金手当が支給されるわけではありませんが，雇用保険の適用により，

わずかではあっても失業保険給付が受けられることとなります。しかし，失業保険給付の額が雇用継続の期間に比例するものではないことからすれば，とても十分なものであるとはいえません。

5．臨時教員の身分保障

（1）　再任用の拒否をめぐる裁判例

　臨時教員と正規教員との最大の違いは，身分の継続が保障されているかどうかということです。

　当局は，必要であれば再任用をおこない，不必要となれば期限の満了を理由に契約の更新を拒否します。多くの臨時教員は，次期の契約更新が拒否されることをおそれ，労働条件の改善はおろか，当局にたいして法律が認めた権利の行使を求めることすら躊躇しているのが普通です。

　民間であれば，こうした取り扱いが繰り返されれば，すでに期間の定めのない契約に転化しただとか，契約更新拒絶自体が権利の濫用であるとされ，契約が更新されたものとして扱われることとなります（東芝柳町工場事件・最判昭49.7.2，日立メディコ事件・最判昭61.12.4），また労働契約法18条は一定の要件のもとに労働者に期限の定めのない雇用への転換請求権を認めています。

　ところが，公務員には労働契約法18条は適用されませんし，現在の裁判実務は，公務員にたいする再任用の拒否が争われた事件については，いずれも行政当局による「任用」と民間の「労働契約の締結」とは，法律上まったく異なるものであるとして，公務員に再度の任用を求める権利はないとしています（たとえば，長野県農業試験場事件・最判昭52.6.18）。残念ながら，その後も同様の判決が繰り返されており，当分はこの傾向は維持されるものと思われます。この点については会計年度任用職員についてもかわるところはありません。

（2）　裁判実務後退の懸念

　現在の裁判実務では，先に述べたように公務員が任用制度のもとにあるという形式にとらわれ，公務員の雇用継続を認めてきませんでした。しかし，それではあまりにひどいということだったのか，再任用そのものは認められないとしても再任用拒否を理由に当局にたいして損害賠償の支払いを命じる裁判例もあるにはありました。例えば，名古屋市立菊井小学校事件・名古屋地判昭

63.12.21 は，「当該職員の側からこれ（任用更新）を請求することはできない」
としつつも，「市教委による X に対する本件更新拒絶は，X の任用更新に対す
る期待を違法に侵害するものと評価できるから」，「（市）は，X が被った損害
を賠償する義務がある」として慰謝料の支払いを認めました。

　その後，この判決は，名古屋高判平 3.2.28 において取り消されましたが，そ
の高裁判決も「任命権者がその裁量を逸脱したと認められる特段の事情がある
場合には，その行為が全体として違法と評価され不法行為の成立する余地があ
る」として損害賠償請求が認められる可能性を示しています（この部分は最判
平 4.10.6 においても維持されています）。教職員に関するものではありませんが，
その後も鹿瀬町臨時職員地位確認等請求事件・新潟地判平 17.2.15（判例自治
265 号 48 頁），昭和町嘱託職員不再任事件・東京高判平 18.5.25（労判 919 号 22
頁），中野区非常勤保育士事件・東京高判平 19.11.28（労働法律旬報 1670 号）と
再任用しなかったことを不法行為であるとし，実際に損害賠償を命じる判決が
出され確定しています。

　これらの裁判例は，非正規公務員の存在がそもそも地公法の趣旨に反してい
るという認識を前提としていました。しかし，会計年度任用職員制度は，い
わゆる非正規職員の存在を制度として正面から認めようとするものであり，再
任用をしないことが制度として予定されています。したがって，裁判所が，再
任用拒否も制度どおりの運用だと後退した判断をするようになることが懸念さ
れます。新しい制度ですのでまだ裁判例はありませんが，今後の裁判所の動向
には注意が必要でしょう。

（3）　現状を打開する取り組みを

　会計年度任用職員制度は，非正規公務員の存在を法的にも正面から認めよう
とするものです。これは非正規職員の地位が安定するという側面がありつつ
も，非正規公務員の存在が公的に承認されたということでもあります。したが
って，今後は，その運用をどう望ましいものとしていくのかが，教職員運動の
中心的な課題になると思われます。その際，フルタイム職員の待遇はもちろん
ですが，パートタイム職員の待遇をどう改善していくのかが大切になってきま
す。

　今回の法改正は，先にも指摘したようにパートタイム職員の賃金について

「給与」ではなく「報酬」と位置づけています。これは，パートタイム職員を同じ職場で働く対等な職員（仲間）ではないという位置づけることと同じです。しかし，私たちがそうした位置づけを受け入れる必要はありません。パートタイム職員も同じ職場で働く仲間なのですから，その労働条件の向上は，職場全体の問題です。パートタイム職員の地位向上なくして，正規職員の地位向上もありえません。今後は，こうした視点での取り組みが求められるのだと思います。

6. みなさん方に期待すること

　私たちは，常勤講師，非常勤講師にかかわらず非正規教員の存在そのものは，必ずしも否定されるべきものではないと考えています。家庭環境やライフスタイルの問題から臨時的教員であることを望む先生方も少なからずおられるからです。

　しかし，現在の非正規教員の置かれた現状は，労働条件からも，また教育条件の面からも"異常"といわざるをえません。とくに本来，正規教員で満たされるべき定数を非常勤講師でまかなっているという事態はただちに是正されるべきです。非正規教員は，あくまで定数どおりの正規教員を確保したうえで，やむなく生じた臨時的な補充のためか，定数以上の追加的教員の場合に限定されるべきではないでしょうか。

　非正規教員が無限定に拡大していくことは，非正規教員という身分にある先生方自身の権利問題というだけではなく，そのまわりの正規教員の労働条件の悪化という問題を生み出します。また，現場の教員の構成が非正規教員に依存する率が高くなるということは，学校教育全体の質の低下を招くことにもなります（この点は『クレスコ』No.113「なぜ増える？臨時教職員——教育に臨時はない」を参照）。

　教育の質という点に関していえば，マスコミも大きな関心を寄せています（沖縄タイムス社説「臨時教員全国最多—先生の質向上に懸念も」2010.10.19付，NHKクローズアップ現代「教育に穴が空く」2008.11.2放送など）。

　先生方は，自らの労働条件の問題と教育の質の問題を関連づけて，堂々と市民に自らの窮状を訴える努力をしていただきたいと思います。

　同時に非正規教員の地位向上の運動もすすめていかなくてはなりません。

ILO・ユネスコ「教員の地位に関する勧告」は，その60項で臨時的教員について，「正式にパート・タイム制で雇用された教員は（a）フル・タイム制で雇用された教員と時間的に比例した報酬を受け，かつ，同一の基本的な勤務条件を享受するものとし，（b）有給休暇，病気休暇及び出産休暇に関して，フル・タイム制で雇用された教員の権利に相当する権利を，同一の規則に従うことを条件として，認められるものとし，（c）使用者による年金計画を含めた十分かつ適切な社会保障の保護を受ける資格があるものとする」と定めています。わが国の非正規教員の働き方は，およそ世界の常識からかけ離れたものとなっています。

この本を読まれた先生方は，ぜひこうしたことに学び，非正規教員の地位向上の運動に取り組んでいただきたいと願っています。

4．教職員の政治的・市民的自由

1．基本的人権と教職員

（1）　日本国憲法と政治活動の自由

「この憲法が日本国民に保障する基本的人権は，人類の多年にわたる自由獲得の努力の成果であつて，これらの権利は，過去幾多の試錬に堪へ，現在及び将来の国民に対し，侵すことのできない永久の権利として信託されたものである」（憲法97条）。

「この憲法が国民に保障する自由及び権利は，国民の不断の努力によつて，これを保持しなければならない」（同12条）。

いずれも，基本的人権についての日本国憲法の宣言です。

人権が抑圧されるなかで侵略戦争への道をすすみ，アジアやこの国の民衆に多大な被害をもたらした痛恨の経験から，憲法は「侵すことのできない永久の権利」として基本的人権を保障し，これからも人権を襲うであろう「幾多の試錬」から人権を守り，「侵すことのできない永久の権利」として発展させることを，国民に信託したのです。

基本的人権を生かし，平和で民主的な国家と社会を築いていくことは，憲法の信託に応える国民の使命にほかなりません。

基本的人権のなかでも，政治活動の自由を含む言論・表現の自由（憲法21条）は，とりわけ重要な意味をもっています。知的存在である人間が言論活動を通じて自分の人格を発展させていくうえでかけがえのない価値（自己実現の価値）をもつとともに，主権者国民が政治に参加して民主政治を実現していくために欠くことのできない価値（自己統治の価値）をもっているからです。

（2）　公務員・教職員と政治的・市民的自由

　公務員・教職員もひとりの国民として基本的人権を享有しており，公務員や教職員であることを理由に，政治的自由や市民的自由が制約される理由はありません。

　公務は確かに公正・中立でなければなりません。しかし，公務の公正や中立性と，公務を離れた公務員が1人の人間として自由に政治活動をおこなうこととはけっして矛盾しません。また，教職員が自由に言論・表現活動をおこなうことによって自らの人格識見を高め，民主政治を積極的に支えていくことは，子どもたちの成長をはぐくむ教育の使命をよりよく果たすことになっても，教育の障害になることはありません。

　教職員の政治的活動を規制し，言論・表現活動を制約することは，教職員の人格形成をゆがめることになりかねず，豊かな教育の実現をさまたげることになります。

（3）　政治的自由は世界的趨勢

　公務員や教職員の政治的自由は，国際規範によっても広く認められています。

　国際人権規約B規約（市民的及び政治的権利に関する国際規約，78年）は，公務員を含めたすべての市民に表現の自由（19条），集会の自由（22条）などを保障しています。また，ILO151号条約（78年）は，公的被用者（公務員）の政治的権利につき，「その身分及びその職務の性質から生ずる義務にのみ従うことを条件として，他の労働者と同様に，結社の自由の正常な行使に不可欠な市民的及び政治的権利を有する」としています（9条）。日本は79年にB規約を批准しており，遵守義務があります。また，ILO151号条約は批准していませんが，多くの国の批准によってすでに「確立した国際法規」（憲法98条）に

なっていると考えられます。

また，ILO・ユネスコ「教員の地位に関する勧告」(66年) では，「教員は市民が一般に享受する一切の市民的権利を行使する自由をもち，かつ，公職につく権利をもたなければならない」とされています (80項)。

こうした国際規範のもとで，公務員・教職員の政治的自由の拡大は世界の趨勢になっています。ヨーロッパでは，ヨーロッパ人権裁判所の裁判などを通じて，表現の自由 (10条) や集会・結社の自由 (11条) をすべての者に保障したヨーロッパ人権条約が適用され，国内法の是正がすすんでいます。また，アメリカ合衆国では，日本の公務員にたいする政治活動規制の「原型」となったハッチ法 (刑罰規制はなし) が，1993年に改正されました。いまでは，諜報機関などの職員を除く一般の連邦職員は，勤務中または勤務中の外観を呈しているときを除き，原則として政治活動に制約を受けないことになっています。

(4) あまりに後進的なこの国の状況

公務員の政治的自由の拡大が趨勢になっているにもかかわらず，この国では依然として公務員や教職員の政治活動や選挙活動が広範な規制にさらされ，権力的な介入をまねく事態がつづいています。

教特法により，地方公務員である教育公務員の政治活動の規制が国家公務員並みに拡大されていること，公職選挙法のなかに教育者 (校長と教員) の地位利用による選挙運動の自由を禁止している規定が存在していることが，こうした事態を招いています。

また，教職員組合の大会や教研集会に右翼団体が妨害活動をつづけ，あろうことかその妨害活動を理由に地方自治体が施設利用許可を取り消す事態がつづいたことも，この国の人権状況の後進性を示すものです。

(5) 政治的・市民的自由の拡大へ

いま，公務員・教職員の人権状況の後進性に，メスが入れられつつあります。

弾圧に反対するたたかいが前進し，国家公務員法 (国公法) の政治活動規制を憲法違反とする判例も登場しました。独立行政法人化にともなって国立大学・国立学校の教職員の政治活動が自由となりましたが，そのことによる教育

上の問題などまったく発生していないことが明らかになりました。

　また，妨害活動を理由とした会場利用拒否を違法とする判例法理が確定し，大会・教研集会の自由と会場利用の権利が確立されました。さらに，明文改憲策動のなかで登場した改憲手続法では，国民的な反対・批判によって公務員の国民投票運動を自由にさせ，地位利用の規制も大幅に限定させました。加えて，政治活動禁止とともに公務員統制の「二本柱」となってきた労働基本権剥奪に見直しが加えられ，労働協約締結権が回復されようとしています。

　こうした情勢のもとで，政治活動や選挙運動への規制を撤廃・限定させ，公務員・教職員の政治的・市民的自由を拡大・発展させることは，歴史的な課題になっています。

2．教職員の政治活動

（1）　政治活動規制と教育公務員

　地方公務員である教職員にたいする政治活動の禁止は，国家公務員にたいする規制を地方公務員に引き込んだ構造をもっています。

　それぞれの規制を確認しておきます。

a）　国家公務員

　国家公務員の政治的活動が国公法によって刑罰をもって禁止され，人事院規則によって広範な行為が禁止の対象にされています（国公法102条，人事院規則14‐17）。1947年に成立した国公法は，公職の候補者や政党役員への就任などを除く政治活動は規制されていませんでした。ところが，占領軍＝米軍の要求を受けて1948年に全面改定がおこなわれ，政治的活動を刑罰で禁止する現在の規定になりました。

　刑罰禁止を合憲とした猿払事件最高裁判決（最大判昭49.11.6刑集28巻9号393頁）以来，国公法による起訴はありませんでしたが，04年3月に国公法弾圧堀越事件，05年9月に世田谷国公法弾圧事件が発生しました。

　堀越事件は，国家公務員である堀越さんが，勤務のない日曜日に，仕事とは全く関係のない場所で，仕事を推定できない私服で，ある政党のビラを配ったというものです。最高裁は，「管理職的地位になく，その職務の内容や権限に裁量の余地のない一般職国家公務員が，職務と全く無関係に，公務員により組織される団体の活動としての性格を有さず，公務員による行為と認識し得る態

様によることなく行った本件の政党の機関紙及び政治的目的を有する文書の配布は，公務員の職務の遂行の政治的中立性を損なうおそれが実質的に認められるものとはいえず，国家公務員法102条1項，人事院規則14―7第6項7号，13号により禁止された行為に当たらない」と判断しました（最判 H24.12.7・刑集第66巻12号1337頁）。これは，国家公務員の政治活動をほぼ全面的に禁止した国公法，人事院規則の規定を合憲とした猿払判決を実質的に変更し，実質的に判断して公務の中立性を侵す危険のない行為は禁止されないという合憲限定解釈をしたものです。

半面，世田谷事件では，同じビラ配布行為であっても，被告人が「管理職的地位」であることを理由に有罪としました。

国家公務員の政治活動を全面一律禁止する国公法の規定は，国際的にも批判が強く，少なくとも公務との関連性がない行為を禁止するのは憲法違反であるというべきです。

b）　地方公務員

地方公務員は，1950年に成立した地公法36条によって，一定の政治的行為が制限されています。しかし，非現業職員にだけ適用されること，勤務する行政区域での活動だけ禁止されること，刑罰がないこと，人事院規則に比較して禁止される行為が限定されていることなど，国家公務員に比べれば規制はゆるやかです。

c）　教育公務員

公立学校に勤務する教育公務員（校長・教員）には地公法が適用されていましたが，1954年の教特法「改正」で規制が強化されました。「当分の間，地方公務員法第36条の規定にかかわらず，国家公務員の例による」「政治的行為の制限に違反した者の処罰につき国家公務員法……の例による趣旨を含むものと解してはならない」（教特法18条）というものです（法文は現在のもの）。

「教育の中立性の要求」を言い立てて，平和運動などに積極的に取り組んでいた教職員組合の運動を押さえ込もうとした，政治的な意図によるものでした。当初の刑罰による禁止導入の企ては反対運動で押し返しましたが，教特法によって人事院規則の広範な禁止が押しつけられ，勤務する行政区以外に禁止が広がったことは重大な問題です。

「教育の中立性」が根拠にならないことは，私立学校の教職員にはまったく

禁止がないこと，国立学校の教職員が独立行政法人化で一足飛びに「禁止な
し」になってなんの問題も発生していないこと，などからも明らかです。

（2）　禁止される政治活動の範囲

a）　国公法と人事院規則の構造

政治活動を禁止する国公法102条1項は，

①　政党又は政治的目的のために，

②　寄附金その他の利益を求め，若しくは受領し，又は何らの方法を以てす
　　るを問わず，これらの行為に関与し，

③　選挙権の行使を除く外，人事院規則で定める政治的行為をしてはならな
　　い

というものです（これらのほかに，「公職の候補者への就任禁止」＝2項と「政
党・政治的団体の役員・顧問への就任禁止」＝3項がある）。

　まわりくどい表現ですが，②は人事院規則14-7の政治的行為3項と同じな
ので，政治的目的をもった（①）政治的行為（③）が禁止ということになりま
す。

　「目的」と「行為」の二つの要件に該当してはじめて違法になる構造なので，
それぞれの要件が重要になります。この「目的」と「行為」を列挙したのが人
事院規則で，解釈運用のために，人事院によって「人事院規則14-7（政治的
行為）の運用方針について」（「運用方針」）が作成されています。

b）　目的による限定

　政治的目的として列挙されているのは8項目です（資料・人事院規則14-7
「政治的目的」と「政治的行為」〔本書161頁～162頁〕参照）。運用方針でも以下
のように，一定の限定が加えられています。主なものは以下のとおりです。

　1の「候補者」とは立候補届出者のことで，予定候補者への支持は該当しま
せん。

　3の「支持」とは，政党などの勢力が維持・拡大するように，綱領・主義な
どを実現するように影響力を与えることで，特定の政策や活動を評価すること
は該当しません。

　5の「政治の方向に影響を与える意図」とは，憲法に定められた民主主義政
治の根本原則を変更しようとする意思のことで，特定の政策への賛成・反対や

法案への賛成・反対，あるいは「憲法を守れ」という主張は該当しません。

6の「妨害する」とは，有形無形の威力をもって政策達成を妨げることで，政策に反対したり，廃止を求めたりすることは該当しません。

したがって，具体的な政策や法案への賛成・反対や，「平和憲法を守れ」などの主張は政治的目的ではなく，そのために署名を組織したり，集会やデモを企画したり，集会などで演説したりしても，禁止される政治活動にはあたりません。

c）　行為による限定

政治的行為として列挙されているのは17項目です。目的と同じように，運用方針で一定の限定が加えられています。重要なものは以下のとおりです。

6の入党勧誘運動と8の投票勧誘運動の「勧誘」とは，組織的・計画的，または継続的に，勧誘をすることをさしています。たまたま友人と入党について話し合うことや，街頭で会った友人に投票を頼むことは，該当しません。

9の署名運動の「企画」「主宰」「指導」，10の示威行進の「企画」「組織」「指導」とは，総括的な役割を果たし，あるいは具体的な指導をおこなうことをさしています。署名をおこなう行為や示威行進に参加する行為は該当しません。

したがって，内閣退陣を求めるような政治的目的をもった行動でも，「企画」や「指導」にあたらない限り，参加して活動することは政治的行為にはあたりません。

d）　主体による限定

教特法（国公法と人事院規則）が禁止しているのは，教育公務員個人の行為であり，教職員組合の行為ではありません。教育公務員が加入している教職員組合が，政治的な要求を掲げておこなう署名活動や示威行動は，団結権にもとづいて組織されている労働組合としての行動であり，いかなる制約も受けるものではありません。

また，公立学校に勤務する教育公務員とは校長と教員です。教員は「教頭，主幹教諭，指導教諭，教諭，助教諭，養護教諭，養護助教諭，栄養教諭及び講師」とされています（教特法2条1，2項）。

地方公務員である学校職員は地公法36条によることになります。また，地公法の適用を受けない臨時採用の教職員（非常勤講師など）には政治活動の規

制はありません。

e） 規制される行為は限定的

国公法と人事院規則による政治的行為の禁止は，教育公務員にも保障されている言論・表現の自由の抑制であり，できるかぎり厳格に解釈されねばなりません。人事院が，政治的目的や政治的行為に一定の限定を加える運用方針を作成し，「この規則が学問の自由及び思想の自由を尊重するように解釈され，運用されなければならないことは当然である」としているのも，そのことを認めてのものです。

すでにみたとおり，以下のことは人事院が作成した運用方針からも明らかです。

①　具体的な政策や法案への賛成・反対のための行動，平和憲法を守るための行動は，政治的目的に該当しないから完全に自由である。

②　内閣退陣や革新自治体実現など政治的目的をもった運動でも，「企画」や「指導」でない限り政治的行為にあたらない。

③　選挙に際して禁止される投票勧誘は，組織的・計画的あるいは継続的に行うものだけで，たまたま出会った友人に投票依頼することは自由である。

人事院規則で規制される行為は限定的であり，「教育公務員の政治活動や選挙運動は全面的に禁止されている」などとするのは，完全な歪曲です。

重要なことは，教育公務員には刑罰による規制がないことです。

このことは，違反があっても起訴され，処罰されないというだけでなく，政治活動や選挙運動に警察の干渉・介入が加えられないことを意味しています。警察が捜査できない活動ですから，教育委員会などの自治体当局が違反行為の調査を考えても，警察に協力を求めることはできません。

（3）　政治的・市民的自由を守る課題

a）　国公法弾圧に反対し，政治活動の自由を拡大するたたかい

74年11月の猿払事件最高裁判決から30年あまり，国公法違反での起訴はありませんでした。国家公務員の政治活動や選挙運動が自粛に追いやられたこともありますが，一般職の公務員の公務にまったくかかわりのない活動に刑罰を適用することが，言論・表現の自由を蹂躙することが明らかだからでもあり

ました。

「30年余の空白」を経て発生した二つの国公法弾圧事件（堀越事件，世田谷事件）の弾圧公判によって，あらためて国公法による政治活動規制の不当性・違法性が明らかになり，政治活動禁止の見直し・撤廃を求める声が各界にひろがりました。

前述した通り，堀越事件最高裁判決は，実質的に判断して公務の中立性を侵す危険のない行為は国公法でも禁止されないという判断で，猿払事件最高裁判決を実質的に変更しました。

公務員であっても，政治活動の自由は憲法の保障する表現の自由の一環であり，本来自由なはずです。さらなる政治活動の自由を拡大するための運動が必要です。

b） 政治活動規制の拡大を許さないたたかい

2010年3月，北海道教育委員会は，いわゆる「北教組政治献金問題」を口実に，北海道のすべての教育公務員にたいして，政治活動や選挙運動・労働組合運動についての調査をおこないました。調査項目は，「勤務時間中の組合活動」「教職員の政治的行為」「校外研修」「学校運営」「教育課程の実施状況」など多岐に及んでいます。政治活動の自由や思想・信条の自由を侵害し，労働組合活動への不当な介入をおこなうものであり，きびしく批判されねばなりません。

このところ，国会に，教特法「改正」案が提出されつづけています。自民・公明両党議員が議員立法で提出しているもので，教育公務員の政治活動に刑罰を加えようとするものです。この「改正」が強行されれば，教育公務員の政治活動や選挙運動に警察が日常的に干渉を加えることが可能になります。政治的自由を拡大する世界の趨勢に逆行する規制強化を，許すことはできません。

c） 日常的に政治的自由を守る活動を

選挙にさいして，教育委員会などから，教職員は政治活動や選挙運動が何もできないかのように記載した文書が配布されることがあり，校長などからもそうした方向での注意がおこなわれることがあります。

これまでみたように，公務員・教職員の政治活動・選挙運動は基本的人権として保障されており，国公法や人事院規則での規制も限定的なものです。

人権を無視し，規制を誇張した文書配布などに抗議するとともに，確信をも

って活動をつづけることが重要です。

３．教育者の選挙運動と地位の利用

（１）　公職選挙法と公務員・教育者の選挙運動

　国会議員や地方議員，首長などの選挙運動について規定しているのは，公職選挙法（公選法）です。文書の作成・配布をきびしく規制し，戸別訪問を禁止するなど自由な選挙運動ができないようにした「べからず公選法」です。

　この公選法に，公務員と教育者にかかわる選挙運動を禁止する規定があります。

① 　特定公務員の選挙運動の禁止（136条）

　　選管職員・裁判官・検察官・警察官・徴税吏員など

　　在職中の選挙運動の禁止

② 　公務員の地位を利用した選挙運動の禁止（136条の2）

③ 　教育者の地位を利用した選挙運動の禁止（137条 「教育者」とは，学校教育法が規定する校長と教員で，学校職員は含まれない）。

　これらの違反には，刑罰が科されることになっています。

　教職員は①の特定公務員には該当しません。また，②の公務員の地位利用は教育活動以外の場面なので，学校関係で考えられるのは「入学の便宜をはかるから……」といった教育行政面での地位利用程度です。

　これにたいして，③の教育者の地位利用は，「学校の児童，生徒及び学生に対する教育上の地位を利用して選挙運動をすること」であり，学校教育活動に直接関係します。

　教育公務員の投票勧誘行為は教特法（国公法と人事院規則）でも規制されていますが，以下のように規制の対象や効果が公選法とは違っています。

① 　公選法の規制の対象には，公立学校だけでなく，私立学校および独立行政法人化した国立学校の校長・教員も含まれる。

② 　教特法には刑罰はないが，公選法違反には刑罰が科される。

③ 　人事院規則の勧誘行為は組織的・計画的あるいは継続的におこなうものに限定されているが，公選法の地位利用にはそうした限定はない。

　こうしたこともあり，公選法で禁止される教育者の地位利用の範囲が大きな問題となります。

（2）　教育者の地位利用の範囲

　教育者の地位利用とは，学校教育のうえでもっている校長・教員の影響力に着目したものですが，この影響力を無限定に拡大すれば，校長・教員の活動は著しく制約されることになってしまいます。

　学識が高く知見が広い優れた教育者は，多方面にさまざまな影響力をもっているでしょう。地域社会や卒業生などとの関係で，こうした影響力を生かすことが地位利用とされれば，教育者は選挙に関してなにも発言できなくなります。

　また，教育者が父母との信頼関係を深めれば，個人的な人間関係をはぐくんでいくことにもなります。こうした人間関係を生かすことが地位利用とされれば，教育者が信頼関係を深めていくことが困難にならざるを得ません。

　教育者の地位利用とは，教育者がもっている生徒にたいする成績評価権や懲戒権などの権限を背景にして，不法と評価され得る内容・態様で選挙運動をした場合を問題にしているもので，抽象的な影響力や信頼関係・人間関係を問題にしているのではありません。

　以下の判例も，こうした理解と解釈に立っています。

　「およそ教育者である以上抽象的，精神的な影響力を有するから選挙運動をすればすべからくこれにあたるというのではなく，生徒に対する成績評価権や懲戒権等，教育者として有する具体的な権限にもとづく影響力を不当に利用して選挙人の義理人情に働きかけるといった実質を具えた場合のみ」（名古屋地判昭45.11.7〈『教職員人事関係裁判例集』6集547頁〉）。

　「教育者の学校の児童，生徒及び学生とその父兄に対する精神的感化力ないし影響力が大であることにかんがみ」「教育者のなす選挙運動については，教育者の地位に伴う前記のような影響力を利用したと評価し得る場合に限りこれを制限すべきである。したがって，教育者がその教育上の地位に伴う影響力を利用せずに，一個人として一般人と同様の選挙運動をすることは何ら制限されるものでなく，たとえ教育者が単にその教育者としての社会的信頼自体を利用した場合でも問題の余地はない」（福岡高判昭50.5.27〈判時801号108頁〉）。

　「教育者の地位利用」が禁止されるのは，成績評価権や懲戒権等をもつ教育者の職務と直接かかわる形態，ないしそうした権限を濫用した形態で選挙運動をおこなった場合のみであり，そのように厳格に限定して運用されねばならないのです。

４．集会の自由と施設の利用

（１） 教職員の運動と集会の自由

ａ） 全教大会・教研集会と基本的人権

全教は，毎年，組合大会（定期大会・特別大会など）を開催し，広範な父母や市民とともに教育研究集会（教研集会）を開催しています。こうした組合大会や教研集会を開催する集会の自由は，基本的人権の重要な内容となっています（憲法 21 条 集会・結社・言論・表現の自由）。

また，教職員組合の最高決定機関である大会を開催して方針の決定や執行部の選出などをおこなうことは，労働基本権のひとつである団結権（憲法 28 条）の行使として憲法で保障されています。また，父母や市民とともに教育について研究・交流する教研集会は，国民の教育権（憲法 26 条）にも貢献するものです。

ｂ） 集会妨害と会場の使用拒否・取り消し

組合大会や教研集会にさいして，全国から集まった右翼団体による妨害行動がおこなわれるのが常態化しています。街宣車を連ねて行進し，異常な大音量で罵声などを浴びせかける右翼団体の行動は，大会・集会を妨害するばかりか，近隣住民の生活にも多大な迷惑を及ぼしています。

こうした妨害活動は，意見の異なる者の言論・表現活動を暴力で排除しようとする違法行為で，威力業務妨害罪などの犯罪行為でもあります。妨害活動には，暴力行為を許さず言論・表現の自由を守る見地から，毅然とした対処が必要です。

ところが，違法な右翼団体の妨害活動を理由に，大会や教研集会の会場となる市民会館や公会堂などの利用が拒否される事態が発生しています。会場として利用を許可した地方自治体や自治体から委託を受けた管理者が，右翼が活動を開始すると右翼の行動を理由に利用許可を取り消すものです。

こんなことが認められれば，大会や教研集会を開催することは不可能となり，地方自治体の行為によって言論・表現の自由が否定される事態になります。

ｃ） 施設利用の権利

地方自治体が設置する市民会館や公会堂などは，住民の福祉を増進する目的

をもって設置される「公の施設」であり，「正当な理由がない限り」「利用することを拒んではならない」「不当な差別的取扱いをしてはならない」とされています（地方自治法 244 条）。指定管理者の導入などによって施設の管理が民間に委託されていることがありますが，管理委託によって「公の施設」の性格が変わるものではありません。利用許可の取り消しは，地方自治体の責務を放棄して右翼の暴力行為に加担することを意味しています。

　また，憲法が保障する言論・表現・集会・結社の自由は，民間企業も尊重する義務を負っています。したがって，ホテルなどの民間施設であっても，妨害行為を口実とする利用拒絶（利用契約の解除）は許されるものではありません。

（2）　集会の自由を守るたたかい

a）　利用許可取り消しと執行停止決定

　1991 年 3 月の結成以来，全教は毎年のように定期大会，特別大会，教研集会（教育の集い）等の集会を開催してきました。

　過去には大会・教研集会のうち，11 回にわたって利用許可の取り消しがおこなわれました。しかし，11 回の取り消しでは，許可取り消しの執行停止を申し立て，いずれも裁判所による停止決定を勝ち取りました。停止決定にたいする不服申し立て（抗告）が行われたところもありますが，抗告審でもすべて勝訴しています。そして，2006 年の教研集会の会場利用許可取消し以降，利用許可の取り消しは起きていません。これは，労働組合の持つ，表現・言論・集会の自由を，判例上も確立し，利用許可取消しが許されないものであることが，周知されてきた結果といえます。

b）　判例法理の到達点

　利用許可取り消しの執行を停止した裁判所の決定は，施設利用の権利と言論・表現の自由をめぐる判例法理を形成しています。判例法理の到達点から，集会の自由とたたかいの意義を考えてみましょう。

　第 1 に，組合大会や教研集会が，表現の自由として保障されていること。

　「およそ表現の自由ないしその一つである集会の自由は，日本国憲法のとる民主主義の根幹をなし，民主主義社会を支える基礎をなすものであって，公権力はもとより，他の個々人又はその集団から憎まれ，排撃される言論ないし集会を保障することにこそ表現の自由を保障する意義がある」（京都地判平 2.2.20〈判時 1369

号94頁〉)。

「排撃される言論ないし集会」の保障にこそ意味があるとするこの見地が，すべての決定の基礎にあると言えるでしょう。

第2に，許可取り消しが開催不能をもたらし，被害は金銭賠償では償えないこと。

「本件定期大会の開催予定日までに，代替会場の確保その他の新たな開催準備をすることは事実上不可能であり，申立人の被る損害は，その性質上金銭賠償によって償うことが困難なものと認められる」(名古屋地判平5.8.6)。

これが，許可取り消しを認めず，大会や教研集会の開催を保障した直接の理由です。

第3に，「取り消し理由」の「公の秩序を乱すおそれ」は，使用者側の事情に限ること。

「(交通渋滞などは)申立人側の責に帰すべき事情によるものではなく，専ら反対運動によって生じるものであり……本件大会の開催自体を公の秩序を乱すおそれがあるものと評価するのは相当でない」(高知地判平6.6.22)。

反対運動の妨害行動が「公の秩序」を乱すから利用許可を取り消すという，とんでもない「論理」にたいする明快な判定です。

第4に，妨害行動による影響は，警備・取り締まりで対処すべきとしたこと。

「(交通渋滞などの)被害や不利益は，反対団体の行動に起因しているものであるから，反対団体の違法あるいは不当な活動に対する適切な措置を講じることによって防止すべきである。そして……警察当局において本件集会に関する警備を検討し，周辺への影響を最小限にとどめるための方策の準備を進め，申立人においても混乱を防止するための自主的警備の準備を行っているところである」(さいたま地判平18.8.7)。

妨害行為への対処の基本的考え方を示すとともに，警察への警備要請や自主的警備の重要性を明らかにしたものでもあります。

いずれも，大会・集会の自由を守ってたたかった20年にわたるたたかいの成果であるとともに，今後のたたかいに生かしていくべき到達点です。

c) 大会・集会を守ったもの

全教結成からの20年間，違法・不当な利用取り消しはすべて執行を停止させ，大会や教研集会を開催することができました。右翼団体は，違法な妨害行

動を繰り返しましたが，警察による警備や全教の自主警備によって，大会・集会は整然とすすめられました。

　大会・集会を守ったのは，全教本部と開催地を引き受けた地元教組・高教組，弁護団，教職員の毅然とした対処と，成功のための努力でした。また，言論・表現の自由を守る立場で地元の労働運動や民主運動から支援が寄せられ，妨害活動で交通渋滞や騒音などの被害を被る地元地域からも，市民的な理解と協力が得られたことが，大会や集会を支えるうえで大きな力となりました。

　組合大会・教研集会を守ったたたかいは，自由と民主主義を守り，発展させるたたかいの一つの到達点を示しています。

（3）　集会の自由を前進させるために

　これまでのたたかいによって，地方自治体が設置している市民会館や公会堂などの「公の施設」について，妨害行動を口実にした利用許可取り消しが違法であることは，確定した判例法理となっています。この法理を発展させていくことが，これからの課題です。

　「排撃される言論ないし集会」の保障にこそ意味があるとする判例法理は，妨害行動を「公の秩序を乱すおそれ」として正当化することはできず，妨害行動は警備・取り締まりによって対処すべきだとしています。この考え方は，利用許可取り消しの場面だけでなく，利用を許可する場面にも，そのまま当てはまります。

　妨害行動を理由にした利用許可取り消しが違法である以上，妨害行動を理由にした不許可も違法です。

　これまで取り上げたのは，地方自治法にもとづく「公の施設」ですが，民間施設だからといって利用拒絶が許されるものではありません。

　2008年2月の日教組教研集会では，プリンスホテルが右翼団体の妨害行動を理由に利用を拒絶する事件が起こりました。プリンスホテルは裁判所の仮処分命令にも従わず，教研集会は中止を余儀なくされました。その後，日教組が提起した損害賠償訴訟において，裁判所はこれまでみた判例法理と同じ趣旨の判断をして，プリンスホテルの利用拒絶を違法とし，巨額の損害賠償を命じました（東京地判平22.7.28〈判時2051号3頁〉）。

　右翼団体の妨害行動に口実をあたえず，言論・表現・集会・結社の自由を守

り発展させるために，公的施設・民間施設を問わず，利用拒絶を許さないたたかいをすすめていく必要があります。

（資料）人事院規則14-7の「政治的目的」と「政治的行為」

（政治的目的の定義）

　法及び規則中政治的目的とは，次に掲げるものをいう。政治的目的をもってなされる行為であつても，政治的行為に含まれない限り，法第102条第1項の規定に違反するものではない。

1　規則14-5に定める公選による公職の選挙において，特定の候補者を支持し又はこれに反対すること。
2　最高裁判所の裁判官の任命に関する国民審査に際し，特定の裁判官を支持し又はこれに反対すること。
3　特定の政党その他の政治的団体を支持し又はこれに反対すること。
4　特定の内閣を支持し又はこれに反対すること。
5　政治の方向に影響を与える意図で特定の政策を主張し又はこれに反対すること。
6　国の機関又は公の機関において決定した政策（法令，規則又は条例に包含されたものを含む。）の実施を妨害すること。
7　地方自治法に基く地方公共団体の条例の制定若しくは改廃又は事務監査の請求に関する署名を成立させ又は成立させないこと。
8　地方自治法に基く地方公共団体の議会の解散又は法律に基く公務員の解職の請求に関する署名を成立させ若しくは成立させず又はこれらの請求に基く解散若しくは解職に賛成し若しくは反対すること。

（政治的行為の定義）

　法第102条第1項の規定する政治的行為とは，次に掲げるものをいう。

1　政治的目的のために職名，職権又はその他の公私の影響力を利用すること。
2　政治的目的のために寄附金その他の利益を提供し又は提供せずその他政治的目的をもつなんらかの行為をなし又はなさないことに対する代償又は報復として，任用，職務，給与その他職員の地位に関してなんらかの利益を得若しくは得ようと企て又は得させようとすることあるいは不利益を与え，与えようと企て又は与えようとおびやかすこと。
3　政治的目的をもつて，賦課金，寄附金，会費又はその他の金品を求め若しくは受領し又はなんらの方法をもつてするを問わずこれらの行為に関与すること。
4　政治的目的をもつて，前号に定める金品を国家公務員に与え又は支払うこと。
5　政党その他の政治的団体の結成を企画し，結成に参与し若しくはこれらの行為

を援助し又はそれらの団体の役員，政治的顧問その他これらと同様な役割をもつ
構成員となること。

6 特定の政党その他の政治的団体の構成員となるように又はならないように勧誘
運動をすること。

7 政党その他の政治的団体の機関紙たる新聞その他の刊行物を発行し，編集し，
配布し又はこれらの行為を援助すること。

8 政治的目的をもつて，第5項第1号に定める選挙，同項第2号に定める国民審
査の投票又は同項第8号に定める解散若しくは解職の投票において，投票するよ
うに又はしないように勧誘運動をすること。

9 政治的目的のために署名運動を企画し，主宰し又は指導しその他これに積極的
に参与すること。

10 政治的目的をもつて，多数の人の行進その他の示威運動を企画し，組織し若し
くは指導し又はこれらの行為を援助すること。

11 集会その他多数の人に接し得る場所で又は拡声器，ラジオその他の手段を利用
して，公に政治的目的を有する意見を述べること。

12 政治的目的を有する文書又は図画を国又は特定独立行政法人の庁舎（特定独立
行政法人にあつては，事務所。以下同じ。），施設等に掲示し又は掲示させその他
政治的目的のために国又は特定独立行政法人の庁舎，施設，資材又は資金を利用
し又は利用させること。

13 政治的目的を有する署名又は無署名の文書，図画，音盤又は形象を発行し，回
覧に供し，掲示し若しくは配布し又は多数の人に対して朗読し若しくは聴取させ，
あるいはこれらの用に供するために著作し又は編集すること。

14 政治的目的を有する演劇を演出し若しくは主宰し又はこれらの行為を援助する
こと。

15 政治的目的をもつて，政治上の主義主張又は政党その他の政治的団体の表示に
用いられる旗，腕章，記章，えり章，服飾その他これらに類するものを製作し又
は配布すること。

16 政治的目的をもつて，勤務時間中において，前号に掲げるものを着用し又は表
示すること。

17 なんらの名義又は形式をもつてするを問わず，前各号の禁止又は制限を免れる
行為をすること。

●コラム

改憲手続法と教職員の権利

●改憲手続法の成立と施行

　2007年5月14日，改憲手続法（日本国憲法の改正手続に関する法律）が成立しました。9条改憲へのレールを敷くための改憲手続法には，不公正な「カラクリ」がしかけられていました。公務員や教育者の運動が制約されようとしていたことも，そのひとつです。

　改憲手続法を強行したのは，「憲法を中心とする戦後レジームからの脱却」を叫んだ安倍晋三政権でした。明文改憲に反対する声が高まるなか，しかけられた「カラクリ」が次々に暴露されていきました。その結果，法整備をおこなって公務員の国民投票運動の自由を法律上確認するなどの3カ条の重要な附則と，18項目の附帯決議がつけられました。

　法整備などは施行までの3年間におこなわれる予定でしたが，実行されませんでした。衆参両議院におかれるはずだった憲法審査会は一度も開催されることはなく，国会で改憲国民投票について論議されることはまったくありませんでした。10年5月18日，改憲手続法は「未完成の欠陥法」のままで施行されました。欠陥の治癒を許さなかったのは，明文改憲反対の声でした。

●改憲手続法と公務員・教育者の権利

　改憲手続法反対の運動の貴重な成果のひとつは，公務員や教育者の運動規制の企てを打ち破り，国民投票運動の自由を確認させたことです。

　第1に，国民投票運動と政治活動の関係。国民投票運動を政治活動として根こそぎ禁止しようとしたもくろみは破綻し，公務員の国民投票運動が自由であることが確認されました。自由が保障される公務員には，一般職の公務員や教育公務員だけでなく，裁判官・検察官・警察官・自衛官など

も含まれています。それぞれの法律を改正してこのことをはっきりさせるのが，附則の要求でした。法改正はまだなされていませんが，だからといって国会で確認された自由を奪えるものではありません。

　第2に，教育者などの地位利用。当初予定されていた刑罰禁止はなくなり，禁止の範囲も国会答弁で大幅に限定されました。「職務と関連する行為や職権を濫用した行為が問題で，教育者の社会的信頼を利用して運動してもまったく問題はない」「教員が教員と名乗ってまちで改憲反対の投票を訴えても問題ない」などが，国会での答弁です。家庭訪問の際の投票依頼や生徒の成績を関連づけての投票依頼でもないかぎり地位利用にはあたらず，刑罰禁止がないため警察の干渉を受けることもなくなったことを意味しています。

●改憲手続法が投げかけるもの

　運動規制の企てを押し返し，運動の自由を拡大した改憲手続法反対のたたかいは，公務員の政治的市民的自由を押し広げるうえで重要な意味をもっています。

　「9条を変えて戦争に出て行く国になるか」をめぐっての投票は，いま考えられるもっとも政治的な投票でしょう。その投票で，裁判官や検察官などが運動をすることも自由としたのが改憲手続法です。そのことは，9条改憲に賛成あるいは反対の立場で，裁判官や検察官が立場を明らかにして運動しても，行政や司法の中立性や国民の信頼は害されないと国会が認めたことを意味しています。

　そうならなぜ，一般職の国家公務員が，名前も名乗らないで自宅と遠く離れた地域で，政党のチラシを配布した行為が，「中立性を害する抽象的なおそれがないとはいえない」などという愚にもつかない理由で「違法」とされ，有罪とされるのでしょうか。

　公務員の運動の自由に風穴をあけた改憲手続法のたたかいは，公務員の政治活動規制そのものを撤廃させる課題と直結しているのです。

第6章

教職員の労働基本権と労働組合活動

1．教職員の労働基本権

1．憲法が保障する労働基本権

（1）　労働基本権の保障

　教職員には，労働基本権が全面的に認められることは，日本国憲法が労働基本権を特段の留保もなく，広く国民に保障していることに鑑みれば，争いのないところです。労働基本権を保障した憲法28条は，国民の生存権を定めた憲法25条，国民の労働の権利を定めた憲法27条を前提に，使用者との関係で経済的劣位に立つ労働者が，自らの経済的地位を向上させ，人間らしい，文化的な生活を営むことができるようするために，以下の4つの権利を保障しています。

　①　団結権

　　労働者が団結して労働組合を結成し，あるいは労働組合に加入する権利

　②　団体交渉権（労働協約締結権を含む）

　　労働組合が，その組織する組合員の労働条件あるいは労働組合と使用者との労使関係（組合掲示板や組合事務所の使用，団体交渉の際のルールなど）について定める労働協約の締結を目的として使用者あるいはその団体と団体交渉を行う権利

　③　争議権

　　労働組合が，団体交渉において労使双方に対立が生じた場合（労働争議）に，自らの主張の実現を求めて行う争議行為の権利

④　組合活動の権利

　労働組合が，組合員の経済的地位の向上その他の目的を達成することを目的として行う諸活動のうち，団体交渉，争議行為を除いた活動をする権利。

　この組合活動の権利は，さらに以下の類型に整理できます（西谷敏『労働法第3版』日本評論社，2012年，231頁）。

　　（ア）　日常的な組織運営のための活動（各種会議・集会，連絡，組合費の徴収など）

　　（イ）　組合員その他にたいする情報宣伝活動（ビラ・ニュース等の配布，掲示板の利用等）

　　（ウ）　闘争的活動（大量のビラ貼り，就業時間中のリボン・腕章等の着用，職場内外の抗議活動）

（2）　子どもの教育を受ける権利を担保する労働基本権

　教職員は，子どもの教育を受ける権利（憲法26条），父母の子どもに教育を受けさせる義務を実現する第一次的な主体であり，父母，広く国民の付託にこたえ，子どもの教育を受ける権利を十全に保障し，国民主権の立場から，教育を民主的に発展させていく責務を負っています。教職員は，教育の荒廃の現実に立ち向かい，活力ある教育の実践に取り組んでいかなければなりません。そのために，教職員が労働組合に結集して，教育政策・教育制度について積極的に発言し，使用者である当局と交渉あるいは協議をおこなうことは必要不可欠といえます。

（3）　公務員労働者の労働基本権を剥奪する現行法制

a）　現行法による制約

　上記のとおり，憲法は教職員に労働基本権を保障していますが，わが国では，1948年以降，以下に見るように，公務員の労働基本権が法律により大きく制約されてきました。

①　団結権・組合活動の権利

　教職員には団結権・組合活動の権利が認められています。ただし，当局は，職員団体として人事院（国家公務員の場合），人事委員会（あるいは公平委員会，地方公務員の場合）に登録の申請をし，登録を受けた職員団体からの交渉の申

し入れがあった場合にのみ，その申し入れに応ずべき地位に立つものとされています（国家公務員法〈国公法〉108条の2，108条の5第1項，地方公務員法〈地公法〉52，55条1項）。

警察職員および海上保安庁または刑事施設勤務職員（国公法108条の2第5項），警察職員・消防職員（地公法52条5項），自衛隊員（自衛隊法64条）の団結権は剥奪されています。

② 団体交渉権・労働協約締結権

団体交渉権は原則として保障されていますが，労働協約締結権は認めていません（国公法108条の5第2項，地公法55条2項）。ただし，地方公務員の場合には，書面協定制度（地公法55条9項）が設けられています。

③ 争議権

教職員には争議権が認められていません（国公法98条2項，地公法37条1項）。争議行為を「そそのかし，あおる」行為については3年以下の懲役または100万円（地方公務員の場合には10万円）以下の罰金に処するとしています（国公法110条1項17号，地公法61条4号）。

b） 判例の変遷と現行公務員法制の追認

このように，憲法が保障する労働基本権について，法律をもって広範かつ一律に制限することの合憲性が裁判の場で労働組合によって激しく争われてきました。

和教組事件・最判昭40.7.14（民集19巻5号1198頁）は，労働基本権の制約について，勤労者の団結権等を尊重すべき必要と公共の福祉を確保する必要とを比較考量し，両者が適正な均衡を保つことを目的として決定されるべきであるとし，憲法上の権利である労働基本権について，安易に「公共の福祉」による制約を認め，現行法を合憲と判断しています。

その後，全逓東京中郵事件・最判昭41.10.26（刑集20巻8号901頁）は，労働基本権の保障は，国民生活全体の利益の保障という見地からの制約（内在的制約）を内包しているとしたうえで，労働基本権の制限が合憲とされるための条件を厳格に解し，①労働基本権の制限は合理性の認められる必要最小限度のものにとどめなければならないこと，②労働基本権の制限は，国民生活に重大な障害をもたらすおそれのあるものについて，これを避けるために必要やむを得ない場合に限ること，③制限違反者にたいして課される不利益は必要な限度

を超えないこと，④労働基本権をやむを得ず制限する場合には，これに見合う代償措置を講ずべきこと，を明らかにしました。

　この判例は，都教組事件・最判昭44.4.2（刑集23巻5号305頁）にも踏襲されています。同判決は，地公法37条1項が争議行為を禁止するのは，「公務員の争議行為が公共性の強い公務の停廃をきたし，ひいては国民生活全体の利益を害し，国民生活に重大な支障をもたらす恐れがあるので，これを避けるためのやむを得ない措置」である場合であり，さらに地公法61条4号の処罰については，「争議行為に通常随伴して行われる行為のごときは，処罰の対象とされるべきものではない」としました。これにより，教職員の争議行為が，刑事罰の対象から解放されるとともに，争議行為の禁止の対象からも解放される場合があることが明らかにされたのです。

　ところが，裁判所は，全農林警職法事件・最判昭48.4.25（刑集27巻4号547頁）で，それまでの立場を後退させ，公務員労働者の労働基本権の保障とそれ自体きわめて抽象的な「国民全体の共同利益」との均衡を根拠として，公務員の労働基本権にたいする広範な制約を簡単に合憲としてしまいました。そして，これに引きつづく岩手県教組学テ事件・最判昭51.5.21（刑集30巻5号1178頁）で，都教組事件最高裁判決の判示は，全農林警職法事件最高裁判決の線に沿って否定されました。

　しかし，全農林警職法事件最高裁判決が国家公務員の争議権剥奪の代償措置としてあげる人事院制度に対応するものとして，これと類似の性格をもち，かつ，これと同様の，またはこれに近い職務権限を有する人事委員会または公平委員会の制度（地公法7〜12条）は代償措置としての機能を果たしていません。実際には，人事委員会の給与に関する勧告は，完全に実施されることはまれであったし，近時においてはマイナス勧告をおこなうだけでなく，さらには勧告を上回る給与引き下げや義務教育等教員特別手当の削減が条例で強行される事態すら起きています。その意味で，今日においては，地方公務員の争議権の剥奪を正当化することはいっそう困難となりつつあります。

2．国際的な労働基本権法制

（1）　結社の自由及び団結権の保護に関する条約（ILO 87号条約）

　ILO 87号条約は，同条約の適用を受ける各加盟国が，以下の諸規定を実施

することを約束する（1条）として，労働者が，事前の許可を受けることなく，自ら選択する団体を設立し，およびその団体の規約に従うことのみを条件としてこれに加入する権利をいかなる差別もなしに有する（2条），労働組合が，その規約および規則を作成し，自由にその代表者を選び，その管理および活動について定め，ならびにその計画を策定する権利を有する。公の機関は，この権利を制限し，またはこの権利の合法的な行使を妨げるようないかなる干渉をも差し控えなければならない（3条），労働組合は，連合および総連合を設立し，並びにこれらに加入する権利を有する（5条），同条約の適用を受ける各加盟国が，労働者が団結権を自由に行使することができることを確保するために，必要にしてかつ適当なすべての措置をとることを約束する（11条），としています。日本は1965年に批准しています。

（2）　団結権及び団体交渉権についての原則の適用に関する条約（ILO 98 号条約）

ILO 98号条約は，雇用に関する反組合的な差別待遇の禁止（1条），使用者または使用者団体による労働組合にたいする干渉からの保護，とくに支配介入行為の禁止（2条），労働協約により雇用条件を規制する目的をもっておこなう使用者または使用者団体と労働組合との間の自主的交渉のための手続きの十分な発達および利用を奨励し，かつ，促進するため，必要がある場合には，国内事情に適する措置を執らなければならない，としています（4条）。日本は1953年に批准しています。

（3）　ILO・ユネスコ「教員の地位に関する勧告」（1966年）

1966年ILO・ユネスコ「教員の地位に関する勧告」は，社会の平和と進歩のための教育の役割を重視し，その発展のためには，「学問の自由」を有する教員が専門職として尊重されなければならないとし，教育公務員組合を中心とする教員団体に教育政策決定に重要な役割をもたせています。すなわち，勧告は「教員団体は，教育の進歩に大いに寄与しうるものであり，したがって教育政策の決定に関与すべき勢力として認められなければならない」としています（9項）。

同勧告は，教員に適用されるILO結社の自由及び団結権保護条約（87号条

約），団結権及び団体交渉権条約（98号条約）の基本的人権に関する諸条項に着目するとしています。

　同勧告は，教員の権利として，教員の給与と労働条件は，教員団体と教員の使用者の間の交渉過程を通じて決定されなければならず（82項），法定の，または任意の交渉機構を設置し，これにより教員が教員団体を通じてその公的または私的使用者と交渉をおこなう権利が保障されなければならないとしています（83項）。さらに，雇用条件等から生じる教員と使用者の間の争議の解決に当たるため，適切な合同の機構が設置されなければならず，もしこの目的のために設けられた手段と手続きが使い尽くされ，あるいは当事者間の交渉が行きづまった場合，教員団体は，他の団体がその正当な利益を保護するため普通もっているような他の手段をとる権利をもたなければならないとしています（84項）。

（4）　CEART 第 4 次勧告（2008年）

　全日本教職員組合（全教）は，2002年6月に，教員評価制度，「指導力不足教員」または「能力不足教員」評価制度について，ILO・ユネスコ「教員の地位に関する勧告」を遵守していないとして，同勧告の適用を監視・促進するために設置されているILO・ユネスコ共同専門家委員会（CEART）に申し立てをおこないました。

　これにたいして，CEARTは，数次の勧告を経て，2008年10月29日，勧告を含む中間報告書（第4次勧告）を発表しました。そのなかで，CEARTは，「指導力不足教員」の評価制度について，制度への非好意的な見方を受け止め，措置を講じるべきであると勧告し，その見直しと修正の過程においては，教員と教員団体が十全かつ効果的な対話の過程を通じて積極的に貢献する機会が保障されるべきであるとしています。また，教員評価制度について，抜本的に再検討すべきであると勧告し，雇用当局が昇給とボーナスにかかわる業績評価制度の今後の設計と実施をすべての雇用する教員を代表するすべての教員団体との誠実な協議と合意のもとにおこなうよう，すぐに措置を講じるべきであると勧告しています。

　さらに，交渉と協議に関連して，政府が教育団体との間で問題の性質に応じておこなわれるべき協議や交渉にたいする方策を，ILO・ユネスコ「教員の地

位に関する勧告」の規定に則して再考するべきであると勧告しました。そのうえで，文部科学省・各都道府県教育委員会にたいして，教員評価制度などを「管理運営事項」扱いとせず，有意義な協議・交渉をおこなうことの重要性を指摘し，法改正を含む教育公務員組合政策の抜本的な転換を求めています。

ILO・ユネスコ「教員の地位に関する勧告」やCEART勧告について，ILO・ユネスコは「強い説得的効果」と「倫理的な権威」をもっていると説明しています。勧告は，文部科学省，各都道府県教育委員会において，遵守されなければなりません。

2．現行の労働基本権の解釈

1．団体交渉権

教職員組合には，当局との間で，教員の労働条件その他経済的地位の向上に関する事項，集団的労使関係に関する事項について，団体交渉をする権利が認められています。

もっとも，教職員について，最高裁判所は，国会がその立法，財政の権限にもとづき，地公法55条に，地方公務員の給与，勤務時間その他の労働条件に関し，およびこれに付帯して社交的または厚生的活動を含む適法な活動にかかわる事項に関し，地方公務員の職員団体と地方公共団体の当局との交渉規定を設けたのは，憲法28条の法意に鑑み国会の立法裁量により定められたものであるとして，団体交渉権について，立法政策により与えられた権利と位置づけています（京都市教協事件・最判平3.11.28）。

しかし，団体交渉権については，憲法により明確に保障された権利であり，その付与が立法政策に委ねられているとすることは誤りというべきです。そもそも，団体交渉は当局と教職員組合との間でおこなわれるものですから，国民生活と直接的なかかわりをもたず，争議権の剥奪の理由としてあげられる「国民全体の共同利益」は，憲法上保障された団体交渉権を奪う理由とはなり得ません。

（1）　団体交渉の対象

　地公法55条1項は，地方公共団体の当局は，登録を受けた職員団体から，職員の給与，勤務時間その他の勤務条件に関し，およびこれに付帯して，社交的または厚生的活動を含む適法な活動にかかわる事項に関し，適法な交渉の申し入れがあった場合については，その申し入れに応ずべき地位に立つものとされています。

　教職員組合は，教職員の労働条件その他の待遇，当局と労働組合との間の集団的労使関係に関する事項（これは「義務的団交事項」と呼ばれる）であって，当局として処置することができる事項について，当局と団体交渉をおこなうことができます。

　参考までに義務的団交事項について，地方公営企業等の労働関係に関する法律7条は以下のとおり定めています。

　　①　賃金その他の給与，労働時間，休憩，休日及び休暇に関する事項
　　②　昇職，降職，転職，免職，休職，先任権及び懲戒の基準に関する事項
　　③　労働に関する安全，衛生及び災害補償に関する事項
　　④　前3号に掲げるもののほか，労働条件に関する事項

　これらについては，教職員の労働条件その他の待遇に関する事項について，さらにその対象を限定して，団体交渉の対象とするものといえます。教職員組合にとって大切なのは，教職員の待遇に関する事項であれば，狭い意味での労働条件に限定せず，広く団体交渉の対象とする取り組みをすすめることです。

（2）　管理運営事項

　地公法55条3項は，「地方公共団体の事務の管理及び運営に関する事項」いわゆる「管理運営事項」は団体交渉の対象外であるとしています。この「管理運営事項」は，地方自治体の機関がその本来の職務または権限として，法令，条例，規則その他の規定，あるいは地方公共団体の議会の議決にもとづき，もっぱら自らの判断と責任にもとづいて執行すべき事項とされています。通常，行政の企画・立案・執行，定数・配置・人事権等がこれに含まれるとされています。

　管理運営事項に関連して，しばしば現場で問題となるのは，教育委員会による定数配置問題，個別の昇任，配転，懲戒処分，校長による校務分掌の決定，

教職員にたいする勤務評価などです。これらの事項については，当局により，教育委員会や校長が責任をもって決定すべき事項であり，「管理運営事項」として，交渉の対象外であるとする扱いがしばしばなされています。

「管理運営事項」の多くは教職員の労働条件その他の待遇に関連しており，これを団体交渉の対象から除外すれば，団体交渉権が空洞化することは避けられません。直接に教職員の労働条件そのものに該当するものではないとしても，労働条件その他の待遇に関連する事項については，団体交渉の対象となると解すべきです。多くの裁判例も，この立場に立っています。さらにいえば，教育課程や教員評価制度など教育行政にかかわる問題についても，教育の直接の担い手である教職員にとっては，まさに労働条件と考えるべきです。これはCEART 第 4 次勧告（2008 年）の立脚する立場でもあります。

当局が「管理運営事項」を盾に交渉に応じない場合には，粘り強く交渉に応じるように要求していくべきです。それでもなお交渉に応じない場合には，労働組合の団体交渉権の侵害を根拠として，当局にたいする国家賠償請求訴訟の提起なども検討すべきです。

（3）　交渉の当事者・担当者
ａ）　地方公務員法の立場

交渉の相手方について，地公法 55 条 4 項は，当局側の交渉当事者を，「交渉事項について適法に管理し，又は決定することのできる」当局と定めています。その一方で，労働側の当事者については，「登録を受けた職員団体」（地公法 55 条 1 項）であり，交渉に臨む者を役員に限定し（同 5 項），特別の事情のあるときは，例外として委任状を要件としてそれ以外の者も許される（同 6 項）としています。

ｂ）　労働組合側当事者・担当者

しかし，教職員組合が登録を受けなければ団体交渉の権利を認めないことは重大な団結権の侵害です。また，ILO 第 87 号条約 2 条，3 条，5 条にも違反しています。登録の有無にかかわらず，団体交渉権は認められると解すべきです。行政解釈は，交渉の申し入れが適法なものであるかぎり，非登録団体であっても交渉に応ずることが望ましいとしていますが，交渉に応ずべき立場にあるというのが正しいといえます。実際には，教職員組合は，紛争を避けるため

に職員団体として登録していますが，職員団体登録制度はただちに廃止すべきです。

また，職場交渉においては，職場に組織された分会も当事者となると考えるべきです。分会を当事者とは認めず，交渉に当たる分会長は職員団体の役員とはいえないとか，職員団体の執行機関から適法な委任を受けていないことを理由に団体交渉を拒否すること，交渉ではなく単に意見を聞き置く場とすることは許されません。

交渉担当者をだれにするかは，本来，組合の自主的な判断に委ねられるべきです。それゆえ，地公法55条6項にいう「特別の事情があるとき」の判断は労働組合の専権に委ねられていると解すべきです。また，交渉担当者への委任関係が明らかであるかぎり，委任状による証明は不要というべきです。当局が労働組合側が立てた交渉担当者が地公法55条5項あるいは6項の要件に該当しないことを理由に団体交渉を拒否することは，団結権を保障した憲法，ILO 87号条約に反する不当な対応と解さなければなりません。

c）使用者側当事者

① 国＝文部科学省の関与領域が広範

給与，定員，教育条件その他について，地方自治体は国の財政に大きく依存しています。教育制度についても，全国一律の教育制度の制定は，文部科学大臣の所管でおこなわれています。これらの事項については，団体交渉の当局は，これらの事項を所管する文部科学大臣になると考えられます。一方，労働組合側当事者は，各自治体の教育公務員を組織する労働組合を統轄する中央団体（たとえば全教，日教組）になるでしょう。

しかし，国は，中央団体による中央交渉について，あくまでも団体交渉ではなく，要望を聞く場にとどまるというスタンスに立ってきました。そして，その根拠として，地公法55条1項が団体交渉の当局側当事者を「地方公共団体の当局」としていること，地公法53条4項が，職員団体の登録の要件として，同一の地方公共団体に属する職員をもって組織されていることを必要としていること，地公法55条1項は，登録を受けていない職員団体からの団体交渉の申し入れには応ずる義務がないとしていることを根拠としています。

このような国の対応については，過去にドライヤー勧告においてもILO 87号条約2，3，5条に反すると指摘されてきました。近日中に措置されるであろ

う地方公務員の団体交渉・労働協約締結制度においては，中央団体による中央交渉がとうぜん認められねばなりません。

② 地方自治体（県費職員）の場合

県費職員の場合，任命権者は教育委員会であり，給与支払者は（都道府）県の首長（知事）です。また，学校設置管理は，県（高校等）と市（町村・義務制）です。

教職員の勤務条件は，原則として教育委員会が所管し，執行する権限を有し（地教行法23条），教育長も教育委員会の指揮監督のもとに，同委員会の権限に属するすべての事務をつかさどるとされています（同17条）。

それゆえ，団体交渉において問題とする事項に応じて，（都道府）県の首長，市（町村）の首長，あるいは教育委員会（教育長）が使用者側当事者となると考えられます。

③ 現場長（職場交渉を大いに活性化しよう）

教職員が，労働者として日常的に労働を提供する場である学校職場において，自らの経済的地位や人間らしい生活の実現のために使用者側当事者と交渉をおこなうことはとても大切な意味をもっています。

職場交渉における使用者側当事者は，学校教育法37条4項により校務をつかさどるとされている（学）校長になります。校長は，教職員の校務分掌の決定，1週間の勤務時間の割り振り，出張の命令，校内研修の実施，有給休暇の承認，宿日直担当者の指名，労働安全衛生法上の措置の実施などの権限を有しています。これらはいずれも現場の教職員の労働生活に重大な影響を及ぼすものです。それゆえ，校長を相手方として職場交渉をおこない，これらに関する組合員の要求を実現していくことは労働組合として当然の権利です。また，職場交渉は，職場における組合活動を教職員の目にみえるものとし，そのことがさらに組合活動の活性化，組織の拡大へと繋がっていきます。

当局は，「校長中心の学校経営」というスローガンで，学校現場にたいする管理と統制の強化の柱として校長の管理権限の強化をはかっていますから，理屈からいえば交渉事項は拡大していくことになるはずです。しかし，校長にたいする団体交渉の要求を，校長は，交渉事項について管理し，または決定する立場にないとして拒否する場合が少なくありません。

行政解釈も，団体交渉の使用者側当事者について，交渉事項について適法に

管理し，または決定することのできる当局の，交渉事項について調査研究し，企画し，立案することが法令，条例，規則その他の規定によってその任務の範囲内になると解され，または交渉事項について，法令等の規定により何らかの決定をすることが認められている機関とし，きわめて限定的に解しています。

職場においては，校長側に，こうした狭い解釈をとらせず，地道に交渉の実績を積み上げていくことがとても大切です。また，仮に校長自身に妥結権限がない事項であっても，妥結権限がある上級機関に責任をもって取り次ぎ，その実現に努力すべき立場にある事項については，校長が当局として団体交渉の当事者になると考えるべきです。

（4） 団体交渉の持ち方

a） 予備交渉

労働組合に団体交渉権が保障されている以上，当局は，団体交渉の申し入れがあれば，誠意をもって速やかに応じなければなりません。予備交渉をするか否かは組合の判断に委ねられているのであり，予備交渉を経ていないことを理由に，団体交渉を拒否することは許されないはずです。

しかし，地公法55条5項は，交渉にあたっては，組合と当局との間において，「議題，時間，場所その他必要な事項」および交渉人員の数を予め取り決めたうえでおこなうとしています。教職員組合としては，予備交渉を経ない団体交渉の実施の実績を当局との間で築き上げることが大切です。また，予備交渉をおこなう場合にあっても，そこでの取り決めはあくまで一応の目安であることを明らかにして，当局が予備交渉での交渉内容を団体交渉を打ち切る口実として利用することがないよう十分な注意を払うべきです。

b） 交渉打ち切り

地公法55条7項は，交渉は，予備交渉における取り決めや，役員以外の交渉委員について委任状を要するという要件を満たさなくなった場合，または他の職員の職務の遂行を妨げ，もしくは地方公共団体の事務の正常な運営を阻害することになったときは，当局から打ち切ることができるとしています。

当局が，この条項にもとづいて，団体交渉を打ち切ろうとする場合には，事実上の団体交渉拒否にあたると主張し，粘り強く交渉の場にとどまるよう働きかけなければなりません。

c） 勤務時間中の交渉

後述のとおり，地公法55条8項は，同条に規定する適法な交渉は，勤務時間中においてもおこなうことができるとしています。

d） 交渉の場所

後述のとおり，地公法55条5項は，具体的な交渉に先立って，交渉の場所について，当局と職員団体があらかじめ取り決めることを求めています。しかし，交渉の場所は，それまでの労使の慣行にそって柔軟に決められるべきものです。交渉の場所について，当局側が従来の慣行を無視し，教職員組合に不都合な場所を一方的に指定してくるような場合は，実質的にみて団体交渉の拒否にあたるというべきです。

（5） 書面協定の効力

a） 書面協定の規定（地公法55条10項）

教職員組合に団体交渉権を認める以上，団体交渉での合意事項を書面化する労働協約の締結権が認められるのは当然というべきです。しかし，地公法55条2項は職員団体の労働協約締結権を否定しています。これが違憲であることはいうまでもありません。もっとも，その一方で，地公法55条9項は「職員団体は，法令，条例，地方公共団体の規則及び地方公共団体の機関の定める規程にてい触しない限りにおいて，当該地方公共団体の当局と書面による協定を結ぶことができる」と定めています。また，地公法55条10項は，書面協定について，当局および職員団体の双方において，誠意と責任をもって履行しなければならないと定めています。

行政解釈は，書面協定に法律上の拘束力を認めず，それに違反しても道義的責任が発生するのみであるとしています。しかし，団体交渉権を認めた以上，そこにおける合意を書面化した書面協定は労働協約としての効力をもつと解するのが自然です。それゆえ，教職員組合としては，書面協定について，可能なかぎり労働協約の効力に近づける努力を払う必要があります。少なくとも，当局側が書面協定に違反した場合には，契約上の債務不履行責任が発生すると考えるべきです。また，職員団体の構成員である教育公務員が，書面協定違反を理由に争議行為に参加したとしても，公平審査の手続きにおいて，直接的な処分取り消し原因となることが考えられます。行政解釈においても，法令等に別

段の禁止または制限の規定がなく，しかも予算措置もすでに講じられており，当局の裁量によって実施に移すことができるような場合には，当局の書面協定違反によって職員団体が損害を受けたときには，司法上の救済を受けることができる場合もあるとしています。

ｂ）　書面協定の態様

書面協定の態様について，地公法は特段の規定を置いていません。しかし，団体交渉の成果を可能なかぎり書面化するという観点からは，その形式に拘泥せず，広く書面協定として認めていくべきです。具体的には，以下の形式については，書面協定としての効力を認めるべきです。

①書面への連署，②組合の要求書と当局の回答書，③無署名議事録の確認，④口頭確認事項を当局が通達で流す，⑤口頭確認を組合が文書で公表し，当局がこれを黙認する。

（6）　団体交渉以外の集団的協議

交渉事項が「管理運営事項」であること，あるいは団体交渉の当事者性を否定して，団体交渉に応じない当局側の対応にたいして，憲法による団体交渉権の保障を実質化するために，教職員組合は，当局との交渉あるいは協議において，「意見表明」，「協議」，「合意を前提としない交渉」，「合意を目的とする交渉」といったさまざまな枠組みを，運動の情勢や当局側の対応を見極めて，選択してきました。

こうした取り組みについては，すべてを団体交渉・労働協約締結にむけて収斂させるのではなく，現場における教職員組合と当局との到達点，双方の自主的な判断に委ねていくべきです。

２．　組合活動の権利——職場における活動の権利

教職員組合が，日常的な組合活動の自由を保障されることは，団結の目的である教職員の経済的地位の向上にとってきわめて重要です。また，学校における教育の直接の担い手である教職員が，父母，広く国民の付託にこたえ，子どもの教育を受ける権利を十全に保障し，国民主権の立場から，自主的，主体的に民主的教育を実践していくうえでも不可欠です。

わが国においては，企業・事業場を単位に組織される企業内労働組合が大半

であるため，労働組合の活動は，企業施設の利用，さらには勤務時間中の活動を避けていては十分に機能しない場合が多いといえます。しかし，このことは，反面で，使用者による施設管理権，労働者の職務専念義務との抵触の問題を生じさせます。教職員組合の場合にも，学校施設の利用，勤務時間中の組合活動が問題となる点は共通しています。

　教職員組合の組合活動の自由を認めることは，当局にたいして，施設管理権の制限にたいする受忍や，職務専念義務の免除を当然の前提としているというべきです。しかし，現実には，地公法や地方公共団体が定める条例が教職員の組合活動にたいして広範な規制を及ぼしており，憲法で保障された組合活動の自由がかなりの程度，侵害されているのが現状です。この問題は，2009年衆議院議員選挙にかかわる北海道教職員組合の政治資金規正法違反事件を契機に強行された北海道教育委員会による違憲違法な服務規律調査において，改めてクローズアップされたところです。

　以下では，組合活動にたいする当局の制約にたいして，教職員組合としてどのように対処すべきかを簡潔に述べていきます。

（1）　勤務時間内の組合活動
a）　職務専念義務との調整について

　教職員が，子どもと向き合い，子どもの教育を受ける権利の保障のために全力を傾ける義務（職務専念義務）を負うこと，地公法30条がこの当然の事理を定めた規定であることは争いのないところです。しかし，職務専念義務を絶対視し，集団的労使関係にまで押し広げるのであれば，職場における組合活動は窒息してしまいます。教職員組合に組合活動の権利が認められている以上，職務専念義務と組合活動の権利の調整が必要となることは当然です。

　この調整について，地公法35条は，「法律又は条例に特別の定がある場合」には，職務専念義務が免除されることを定めています。現行法上は，休職，停職，職員団体と当局との勤務時間内の交渉（地公法55条8項）などがあげられます。条例上も，休日・休暇に関する条例にもとづく休日・休暇，各自治体が地公法35条を直接の根拠として制定する職務専念義務の免除に関する条例にもとづいて職務専念義務が免除される場合（研修を受ける場合，厚生に関する計画の実施に参加する場合，交通機関の事故等の不可抗力の原因による場合，証人，

鑑定人，参考人等として国会，裁判所，地方公共団体の議会その他の官公署へ出頭する場合，選挙権その他公民としての権利を行使する場合等）があげられます。なお，職務専念義務の免除は，県費負担教職員の場合，市町村の職務専念義務免除の条例により，市町村教育委員会がおこないます。実際には，地方公共団体の事務委任規定にもとづいて校長が職務専念義務免除の承認をおこなっています。

　この点でしばしば問題となるのが「研修」です。ここにいう「研修」は職務としての研修ではなく，職務以外の研修，たとえば教職員組合が主催する教育研究集会への参加です。当局は，このような研修について，職務専念義務を免除せず，参加については有給休暇を取得することを求めるのが通常です。

　しかし，教育公務員特例法（教特法）21条が，教育公務員は，その職責を遂行するために，絶えず研究と修養に努めなければならないとし，22条は，教育公務員には研修を受ける機会が与えられなければならず，教員は授業に支障のないかぎり，本属長の承認を受けて，勤務場所を離れて研修をおこなうことができる，としています。また，1966年 ILO・ユネスコ「教員の地位に関する勧告」は，社会の平和と進歩のための教育の役割を重視し，その発展のためには，「学問の自由」を有する教員が専門職として尊重されることを求めています。それゆえ，「研修」については，教員の自主的な判断を可能なかぎり尊重すべきです。

　学校長による承認の法的性格について，裁判例は，権利行使の機会や有用業務へ参加するなどの便益と，免除によって影響を受けることのあるべき地方公共団体の事務の支障の有無・程度を勘案してなされる裁量行為の性質を有する（和歌山県教組事件・和歌山地判昭和48.9.12）としています。この立場に立っても，学校長の裁量権についてはそれが恣意的に行使される場合には裁量権の濫用となります。

b）　勤務時間中の組合活動は当然には禁止されない

　行政解釈は，地公法30条に加え，同法35条が「職員は，法律又は条例に特別の定がある場合を除く外，その勤務時間及び職務上の注意力のすべてをその職責遂行のために用い，当該地方公共団体がなすべき責を有する職務にのみ従事しなければならない」としていること，同法55条の2第6項が，「職員は，条例で定める場合を除き，給与を受けながら，職員団体のためその業務を行な

い，又は活動してはならない」としていることを根拠に，法律や条例に定めがある場合を除いて，およそ勤務時間中はいっさいの組合活動ができないとしています。

さらに，地公法55条の2第6項にもとづいて各地方自治体が定める条例においては，勤務時間中の組合活動として地公法55条8項に規定する交渉をおこなう場合，休日および年次有給休暇ならびに休職の期間に限定しているケースがみられます。これでは組合活動の権利を認めた憲法の趣旨が没却されてしまいます。職務専念義務は，あくまで教職員に保障されている組合活動の自由と両立するかたちで理解されなければなりません。

地公法55条8項にいう「交渉」には，団体交渉それ自体だけでなく，その準備行為である予備交渉，労働組合内部あるいは上部団体との連絡等，労働組合の機関運営に必要な行為も含まれると考えるべきです。また，これ以外にも，職務専念義務を負う教職員の身体的・精神的活動と支障なく両立する活動も職務専念義務に反しないというべきです。具体的にどのような組合活動が職務専念義務に違反しないかについては，その行為の内容，目的，緊急性の有無，教職員の職務に及ぼした具体的な影響などを個別に検討したうえで判断すべきです。

c) 勤務時間内組合活動の慣行の効力

教職員組合のたたかいの成果として，実際にも，勤務時間中の組合活動（たとえば，職員会議での組合文書の配布，放課後の職場会議，授業時間中の組合決定事項の伝達など）については，当局側が黙認してきたり，職場の慣行として一定の範囲で認められてきた経緯があります。これは，当局の側からみれば，勤務時間中の組合活動を受忍する義務を慣行上負担しているということになります。

d) 勤務時間中のリボン，腕章，はちまきなどの着用

勤務時間中のリボン，腕章，はちまきなどの着用については，職務専念義務を負う教職員の身体的・精神的活動と支障なく両立する活動であり，職務専念義務に違反しないと考えるべきです。

（2）　学校施設を使用した組合活動

a）　組合事務所利用の権利関係

　職場における交渉あるいは長年の慣行により，一定の場所を組合事務所として利用することを当局が認めてきた場合，当局は組合事務所の利用を受忍する義務を負っています。当局が，合理的な理由なく組合事務所の利用を禁止することは許されません。

b）　掲示板・学校電話・コピー機等の利用の権利関係

　これについても，組合事務所利用の権利関係と同一に考えられます。

（3）　学校施設内での文書配布

a）　施設管理権の及ぶ範囲

　職場における組合活動にとって，組合員あるいは非組合員にたいする文書（組合ニュースや組合業務文書，宣伝ビラなど）配布は，団結の維持・強化に欠かせない活動です。ところが，文書配布については，ほとんどの地方公共団体は，施設管理権を根拠として，事前に当局の許可を得ることが必要であるとしています。

　職場に組織された労働組合が，いちいち当局の許可を得なければ学校施設内で文書配布ができないのであれば，労働組合の活動に重大な支障が生じます。労働組合に組合活動の権利が認められる以上，配布場所，配布方法，配布の時間帯等に鑑み，学校施設内での文書配布によって学校業務の運営に実質的に支障がないかあるいはあったとしてもごく軽微な場合には，当局は文書配布を受忍する義務を負うと考えるべきです。

　また，労使慣行上，配布が認められてきた場合（配布場所，配布方法，配布の時間帯，頻度についても労使慣行にもとづいて決定している場合もあるでしょう）に，当局が文書配布を受忍する義務を負っていることはいうまでもありません。

b）　懲戒権の濫用

　また，当局が事前に許可を得ていない文書配布を問題にする場合には，まず労働組合との間で団体交渉をもち，配布のあり方について協議すべきです。こうした手続きを経ずに施設管理権を具体的に侵害する可能性のない文書配布を事前に許可を受けていないことのみを理由に懲戒処分をおこなうことは，懲戒

権の濫用として許されません。

（4）　在籍専従制

　地公法55条の2第1項は，組合在籍専従制について，職員は職員団体の業務にもっぱら従事することはできないとしつつ，その一方で，任命権者の許可を受けて登録を受けた職員団体の役員としてもっぱら従事する場合は，この限りではないとしています。また，同条2項は，任命権者による許可は任命権者が「相当と認める場合」に与えることとされています。

　教職員組合の活動が職場における団結活動と団体活動に依存している現状を踏まえれば，在籍専従者は教職員組合にとっても不可欠の制度というべきです。地公法55条の2第3項は専従期間を最長5年（但し，附則は，当分の間，7年以下の範囲内で人事委員会規則または公平委員会規則で定める期間としています）としていますが，この期間の限定は組合指導の経験の蓄積を排除しようとするものであって，団結権の侵害というべきです。

　誰を在籍専従者に選任するかは，教職員組合の自主的判断に委ねられ，原則として当局は介入することができないと考えるべきです。任命権者による「相当と認める場合」の判断は，公務に支障を来さない場合，職員の定数管理上の問題を惹起しない場合には，許可を与えなければならないというかたちで拘束されたものと考えるべきです。上記の事情がないにもかかわらず，当局が不許可とした場合には，在籍専従の申請者はその不許可処分の取り消し訴訟を提起することができます。

（5）　組合休暇

　在籍専従者以外の教職員が勤務時間中に職務専念義務の免除を受けて組合活動に従事することを認める組合休暇制度は教職員組合の組合活動の自由を大きく制限する地公法下にあって，在籍専従制と並んで組合活動の重要な手段として機能してきました。

　しかし，組合休暇の運用は各地方公共団体の定める条例に委ねられており，実際には，組合運営のために必要不可欠な業務または活動で，勤務時間外で処理するのが不可能または著しく困難な場合に限って取得を認め，日数もきびしく制限されているうえに，無給扱いとされています。

なお，当局が組合休暇の申請にたいして，年休による処理を強制することは許されないというべきです。

（6）　教育公務員にたいする不当労働行為の救済

労働者にたいする団結権の保障は，団結権の侵害行為，団結権の正当な行使にたいする使用者の介入や不利益取り扱い（たとえば，組合に加入したことを理由に当該労働者を労働条件において差別すること）から労働者を救済する制度を要請しています。労働組合法（労組法）7条は，こうした使用者による行為を不当労働行為として類型化し，使用者が不当労働行為をおこなった場合には，都道府県労働委員会が労働者・労働組合の申し立てを待ってその救済にあたる不当労働行為救済制度を設けています。

これにたいして，地公法58条は，地方公務員にたいする労組法の適用を全面的に排除しているため，地方公務員には労組法7条の不当労働行為救済制度は適用されません。しかし，地方公務員に団結権が保障されている以上，民間労働者と同じく団結権侵害行為にたいして救済が与えられてしかるべきです。

なお，大阪府の公立学校の常勤講師で構成される地方公務員法適用組合員と非常勤講師及び学力向上支援員（非常勤の嘱託職員）で構成される労働組合法適用組合員とにより構成されたいわゆる混合組合について，労働組合として労働組合法上の権利を行使することを認め，同組合が労働組合法適用組合員である非常勤講師の任用の保証（雇用の継続）を求めて行った団体交渉の申し入れを大阪府が拒否したことは正当な理由のない団交拒否（労働組合法7条2号違反）にあたるとされています（東京地裁平25.10.21判決・労判1083.5，東京高裁平26.3.18判決・労判1123.159，最判平27.3.31判決）。

地公法56条は，職員団体の構成員であること，職員団体を結成しようとしたこと，または職員団体のために正当な行為をしたことのゆえをもって不利益な取り扱いをおこなうことを禁止しています。当局がこれらの行為を理由に懲戒その他その意に反すると認める不利益処分をおこなった場合，その処分を受けた職員は，人事委員会（公平委員会）にたいして不服申し立てをすることができます（地公法49条の2）。

教員の地位に関する勧告

1966 年 9 月 21 日— 10 月 5 日
ユネスコにおける特別政府間会議

前文

教員の地位に関する特別政府間会議
は,

教育をうける権利が基本的人権の一つ
であることを想起し,

世界人権宣言の第 26 条, 児童の権利
宣言の第 5 原則, 第 7 原則および第 10
原則および諸国民間の平和, 相互の尊重
と理解の精神を青少年の間に普及するこ
とに関する国連宣言を達成するうえで,
すべての者に適正な教育を与えることが
国家の責任であることを自覚し,

不断の道徳的・文化的進歩および経済
的社会的発展に本質的な寄与をなすもの
として, 役立てうるすべての能力と知性
を十分に活用するために, 普通教育, 技
術教育および職業教育をより広範に普及
させる必要を認め,

教育の進歩における教員の不可欠な役
割, ならびに人間の開発および現代社会
の発展への彼らの貢献の重要性を認識
し,

教員がこの役割にふさわしい地位を享
受することを保障することに関心をも
ち,

異なった国々における教育のパターン
および編成を決定する法令および慣習が
非常に多岐にわたっている事を考慮し,

かつ, それぞれの国で教育職員に適用
される措置が, とくに公務に関する規制
が教員にも適用されるかどうかによっ
て, 非常に異なった種類のものが多く存
在することを考慮に入れ,

これらの相違にもかかわらず教員の地
位に関してすべての国々で同じような問
題が起こっており, かつ, これらの問題
が, 今回の勧告の作成の目的であるとこ
ろの, 一連の共通基準および措置の適用
を必要としていることを確信し,

教員に適用される現行国際諸条約, と
くに ILO 総会で採択された結社の自由
及び団結権保護条約 (1948 年), 団結権
及び団体交渉権条約 (1949 年), 同一報
酬条約 (1951 年), 差別待遇 (雇用及び
職業) 条約 (1958 年), および, ユネス
コ総会で採択された教育における差別待
遇防止条約 (1960 年) 等の基本的人権
に関する諸条項に注目し,

また, ユネスコおよび国際教育局が合
同で召集した国際公教育会議で採択され
た初中等学校教員の養成と地位の諸側面
に関する諸勧告, およびユネスコ総会
で, 1962 年に採択された技術・職業教
育に関する勧告にも注目し,

教員にとくに関連する諸問題に関した
諸規定によって現行諸規準を補足し, ま
た, 教員不足の問題を解決したいと願
い,

以下の勧告を採択した。

1 定義

1 本勧告の適用上,

(**a**) 「教員」(Teacher) という語は,
学校において生徒の教育に責任をもつす

べての人々をいう。

　(**b**)　教員に関して用いられる「地位」(status) という表現は，教員の職務の重要性およびその職務遂行能力の評価の程度によって示される社会的地位または尊敬，ならびに他の専門職集団と比較して教員に与えられる労働条件，報酬，その他の物質的給付等の双方を意味する。

2　範囲

2　本勧告は，公立・私立ともに中等教育終了段階までの学校，すなわち，技術教育，職業教育および芸術教育を行なうものを含めて，保育園・幼稚園・初等および中間または中等学校のすべての教員に適用される。

3　指導的諸原則

3　教育は，その最初の学年から，人権および基本的自由に対する深い尊敬をうえつけることを目的とすると同時に，人間個性の全面的発達および共同社会の精神的，道徳的，社会的，文化的ならびに経済的な発展を目的とするものでなければならない。これらの諸価値の範囲の中で最も重要なものは，教育が平和のために貢献をすること，およびすべての国民の間の，そして人種的，宗教的集団相互の間の理解と寛容と友情に対して貢献することである。

4　教育の進歩は，教育職員一般の資格と能力および個々の教員の人間的，教育学的，技術的資質に依存するところが大きいことが認識されなければならない。

5　教員の地位は，教育の目的，目標に照らして評価される教育の必要性にみあったものでなければならない。教育の目的，目標を完全に実現するうえで，教員の正当な地位および教育職に対する正当な社会的尊敬が，大きな重要性をもっているということが認識されなければならない。

6　教育の仕事は専門職とみなされるべきである。この職業は厳しい，継続的な研究を経て獲得され，維持される専門的知識および特別な技術を教員に要求する公共的業務の一種である。また，責任をもたされた生徒の教育および福祉に対して，個人的および共同の責任感を要求するものである。

7　教員の養成および雇用のすべての面にわたって，人種，皮膚の色，性別，宗教，政治的見解，国籍または門地もしくは経済的条件にもとづくいかなる形態の差別も行なわれてはならない。

8　教員の労働条件は，効果的な学習を最もよく促進し，教員がその職業的任務に専念することができるものでなければならない。

9　教員団体は，教育の進歩に大きく寄与しうるものであり，したがって教育政策の決定に関与すべき勢力として認められなければならない。

4　教育目的と教育政策

10　それぞれの国で必要に応じて，人的その他のあらゆる資源を利用して「指導的諸原則」に合致した包括的な教育政策を作成すべく適切な措置がとられなければならない。その場合，権限ある当局は以下の諸原則および諸目的が教員に与

える影響を考慮しなければならない。

（a）　子どもができるだけ最も完全な教育の機会を与えられることは，すべての子どもの基本的権利である。特別な教育的取扱いを必要とする子どもについては，適正な注意が払われなければならない。

（b）　あらゆる便宜は，性，人種，皮膚の色，宗教，政治的見解，国籍または門地もしくは経済的条件のゆえに差別されることなくすべての人々が教育を受ける権利を享受しうるように，平等に利用しうるものであるべきである。

（c）　教育は，一般公共の利益に役立つ基本的重要性をもつ業務であるから，国家の責任であることが認識されなければならない。国家は十分に学校を分布し，そこで無償の教育を行ない，貧しい児童に物質的援助を与えなければならない。

このことは父母および場合によっては法的保護者が国家によって設立される学校以外の学校をその子どものために選ぶ自由を妨げるもの，または，国家によって定められているか認められている最低教育水準をみたした教育機関を個人あるいは団体が設立し管理する自由を妨げるものという意味に解釈されてはならない。

（d）　教育は経済成長における不可欠の要因であるから，教育計画は生活条件改善のために立てられる経済的・社会的全計画の必要欠くべからざる部分とならなければならない。

（e）　教育は，継続的過程であるから，教育業務の各種部門は，すべての生徒に対する教育の質を向上させると同時に，教員の地位を高めるよう調整されなければならない。

（f）　いかなるタイプのいかなる段階の教育へも児童が進学する機会を制限するような隘路が起きないよう，適切に相互関連した柔軟性ある学校システムに自由に入れるようにしなければならない。

（g）　教育の目標として，いかなる国家も単に量でのみ満足すべきではなく，質の向上をも追求しなければならない。

（h）　教育においては，長期および短期の計画と課程編成が必要である。共同社会に今日の生徒をうまく組み入れることは，現在の要請より，むしろ将来の必要による。

（i）　すべての教育計画には，自国民の生活に精通し，母国語で教えることのできる国民である，有能で資格のある十分な数の教員の養成および現職教育の早期対策が，各段階にわたって含まれていなければならない。

（j）　教員養成および現職教育の分野における系統的継続的な研究と活動の協力が，国際的次元での協同研究および研究成果の交流を含めて，欠くことのできないものである。

（k）　教育政策とその明確な目標を決定するためには，文化団体，研究・調査機関はもちろんのこと，権限ある当局，教員，使用者，労働者および父母等の各団体ならびに文化団体，研究調査機関の間で，緊密な協力が行なわれなければならない。

（l）　教育の目的，目標の達成は，教育にあてられる財政手段に大きくかかっ

ているのであるから，すべての国において，国家予算のなかで，国民所得のうちの十分な割合を教育の発展に配分することをとくに優先すべきである。

5　教職への準備

養成のための選抜

11　教員養成機関への入学に関する政策は，必要な道徳的，知的および身体的資質を備え，かつ要求される専門的知識および技能をもった十分な数の教員を社会に提供するという必要にもとづいたものでなければならない。

12　この必要に応じるため，教育当局は，教員養成に十分な魅力をもたせ，また適切な機関に十分な数の定数を準備しなければならない。

13　この職業に入るすべての者に，適切な教員養成機関において，認定されたコースを修了することが要求されなければならない。

14　教員養成機関への入学許可は，まず適正な中等教育の全課程を修了し，かつ将来この職業にたずさわるものにふさわしい一員となることに役立つような個人的資質をもっていることの証明にもとづくものでなければならない。

15　教員養成機関への入学を認可する一般的基準が維持されなければならないが，入学に必要な正規の学問的諸条件が少し不足していても，技術および職業の面でとくに貴重な経験をもっている者は入学を許可されてよい。

16　教員養成課程の学生には，定められた課程を受けられるよう，かつ相応の生活ができるよう，適当な奨学金または財政的援助が与えられなければならない。できる限り権限ある当局は無償の教員養成機関の制度を樹立するよう努力しなければならない。

17　教員養成についての機会および奨学金または財政的援助に関する情報が，学生および教員を希望する他の人々にいつでも手に入るよう準備されていなければならない。

18　(1)　教職につく権利を部分的，または全面的に確立するものとして，他国で終了した教員養成課程の価値に正当な考慮が払われなければならない。

(2)　国際的に同意された基準に照らして，職業上の地位を授ける教授資格証明書を国際的に承認するための措置がとられなければならない。

教員養成課程

19　教員養成課程の目的は，学生一人ひとりが，一般教育および個人的教養，他人を教える能力，国の内外を問わず良い人間関係の基礎をなす諸原則の理解，および，社会，文化，経済の進歩に，授業を通して，また自らの実践を通して貢献するという責任感を発展させるものでなければならない。

20　基本的に教員養成課程は次のものを含むべきである。

(a)　一般教養科目

(b)　教育に応用される哲学・心理学・社会学・教育および比較教育の理論と歴史・実験教育学・教育行政および各種教科の教授法等の諸科目の重要点に関する学習

(c)　その学生が教えようとする分野

に関する諸科目

（d）　十分に資格ある教員の指導のもとでの授業および課外活動指導の実習

21　（1）　すべての教員は，一般教養科目，専門科目，教育学諸科目について，大学または大学と同等の教育機関で，あるいは教員養成のための特別機関で養成されなければならない。

（2）　教員養成課程の内容は，障害児施設あるいは技術・職業学校等，種別を異にする学校で，教員が果たすことを求められる任務に応じて，合理的に変更することができる。後者の場合，この課程は，工業，商業または農業の現場において習得されるべき実際経験を含みうる。

22　教員養成課程は，各人の学術的または専門的教育もしくは技能開発コースと並んで，あるいはそれに引き続いて，専門コースをおくことができる。

23　教職のための教育は，通常，全日制であるべきである。ただし，年長の教職志望者や特別な部門にある者に対しては，このような課程の内容や修了の規準は，全日制課程の者と同様の水準にもとづくという条件のもとで，その課程の全部あるいは一部が定時制で行なわれるようにする特別の措置を講ずることができる。

24　初等，中等，技術，専門または職業教育のいずれの教員であるかにかかわりなく，異なった種類の教員が，有機的に関係ある，ないしは地理的に相互に近接する養成機関で教育をうけられるようにすることが望ましいことを配慮しなければならない。

教員養成機関

25　教員養成機関の教員は，高等教育と同等のレベルで，その専門について教えうる資格をもたなければならない。教育学諸教科の担当教員は，学校での授業経験をもたなければならない。そして可能なところでは学校での授業義務を補うことによって定期的にこの経験が再強化されなければならない。

26　教育および個々の教科の教授法の研究および実験的試みは，教員養成機関に研究施設を設けること，およびその教員と学生による研究活動等を通じて促進されなければならない。教員養成にたずさわる全教員は，関係分野における研究成果を熟知し，その成果を学生に伝達するよう努力しなければならない。

27　教員養成機関における生活，活動，規律を定める措置について，教員と同様に，学生もその意見を表明する機会をもたなければならない。

28　教員養成機関は，学校が研究の成果や方法論上の進歩に歩調を合わせて進めるようにし，また，学校と教員の経験を教員養成機関自身の活動の中に反映しながら，教育事業における発展の中心をなすものでなければならない。

29　教員養成機関は，個別にまたは合同し，他の高等教育機関もしくは教育当局と提携して，または単独で，教員養成課程を満足に終了した学生には資格証明を与える責任をもたなければならない。

30　学校当局は，教員養成機関と協力して，新卒教員が，習得した内容，個人の希望，環境に応じて就職できるよう，適切な措置を講じなければならない。

6 教員の継続教育

31 当局と教員は，教育の質と内容および教授技術を系統的に向上させていくことを企図する現職教育の重要性を認識しなければならない。

32 当局は，教員団体と協議して，すべての教員が無料で利用できる広範な現職教育の制度の樹立を促進しなければならない。この種の制度は，多岐にわたる手段を準備し，かつ，教員養成機関，科学・文化機関および教員団体がそれぞれ参加するものでなければならない。一時教職から離れて再び教職に戻る教員のためとくに再訓練課程を設けなければならない。

33 （1） 教員がその資格を向上させ職務の範囲を変更もしくは拡大し，または，昇進を希望し，かつ，担当教科や教育分野の内容および方法について最も新しいものを常に身につけるために，講習または他の適当な便宜が考慮されるべきである。

（2） 教員が，その一般教育や職業資格を向上するための書物，その他の資料を利用できるようにする諸手段が講じられなければならない。

34 教員には継続教育の課程や便宜に参加するための機会および刺激が与えられ，また教員はこれらを十分に活用すべきである。

35 学校当局は，学校が教科および教授法に関する研究成果をとり入れられるようにするため，あらゆる努力を払わなければならない。

36 当局は，教員が，継続教育を目的として，集団であれ，個人であれ，自国内および国外を旅行するのを奨励すべきであり，できる限り，援助を与えなければならない。

37 国際的または地域的な規模での財政的技術的協力によって，教員の養成および継続教育のためにとられる措置が発展され補足されることが望ましい。

7 雇用とキャリア

教職への参加

38 教員団体との協力により，採用に関する政策を適切な次元で明確に定め，かつ教員の義務と権利を定める規則を制定しなければならない。

39 教職への就職に関する試用期間は，新しい教職参加者への励ましとたよりになる手ほどきのための，そして教員自身の実際の教授能力を向上させることとならんで適切な専門的水準を確立し，保持するための機会として教員およびその使用者の両者によって認識されなければならない。通常の試用期間は，あらかじめ知らされるべきであり，それを満足に修了するための条件は，厳密に職業的能力に関連づけられなければならない。もしその教員が試用期間を満足に修了しえなかったときは，教員はその理由を知らされなければならず，かつこれに対して意見を述べる権利をもたなければならない。

昇進と昇格

40 教員は，必要な資格を有することを条件として，教育の仕事の範囲内で，ある種の学校または，ある段階の学校か

ら，他の種の学校または他の段階の学校に異動できなければならない。

41 教育事業の組織と構造は，個々の学校のそれをも含めて，個々の教員が付加的な責任を果たすことの自覚，および果たすための十分な機会を，これらの責任が教員の教授活動の質または規則性に不利にならないという条件のもとに，与えなければならない。

42 学校が十分に大きければ，さまざまの教員が各種の責任を果たすことから，生徒も利益を得，教員も機会を与えられるという利点に考慮が払われなければならない。

43 督学官および教育行政官，教育管理者あるいはその他，特別責任をもつ職など教育に責任をもつ職はできる限り広く経験豊かな教員に与えられなければならない。

44 昇格は，教員団体との協議により定められた，厳密に専門職上の基準に照らし，新しいポストに対する教員の資格の客観的な評価にもとづいて行なわなければならない。

身分保障

45 教職における雇用の安定と身分保障は，教員の利益にとって不可欠であることはいうまでもなく，教育の利益のためにも不可欠なものであり，たとえ学校制度，または，学校内の組織に変更がある場合でも，あくまでも保護されるべきである。

46 教員は，その専門職としての身分またはキャリアに影響する専断的行為から十分に保護されなければならない。

専門職としての行為の違反に関する懲戒処分

47 専門職としての行為違反の責を負うべき教員に適用される懲戒措置は明確に規定されなければならない。懲戒手続，およびすべての決定された措置は，授業活動の禁止が含まれているか，あるいは生徒の保護または福祉がそれを必要とする場合を除いて，その教員がそれを要求するときにのみ公表されなければならない。

48 懲戒を提案し，ないしは適用する資格を有する当局ないし機関は，明確に指定されなければならない。

49 教員団体は，懲戒問題を扱う機関の設置にあたって，協議にあずからなければならない。

50 すべての教員は，一切の懲戒手続の各段階で公平な保護をうけなければならない。とくに，

（**a**）懲戒の提起およびその理由を文書により通知される権利

（**b**）事案の証拠を十分に入手する権利

（**c**）教員が弁護準備に十分な時間を与えられ，自らを弁護し，または自己の選択する代理人によって弁護を受ける権利

（**d**）決定およびその理由を書面により通知される権利

（**e**）明確に指定された権限ある当局または機関に不服を申し立てる権利

51 懲戒からの保護，ならびに懲戒それ自体の効果は，その教員が，同僚の参加のもとで判定をうける場合，非常に高まる，ということを当局は認識しなけれ

ばならない。

52 先の第47項から第51項の諸規定は，刑法のもとで処罰される行為に対して，国内法規に従って通常適用される手続にいかなる意味でも影響を及ぼすものではない。

健康診断

53 教員は定期健康診断をうけることを要求されるべきであり，それは無料で行なわなければならない。

家庭の責任をもつ女子教員

54 結婚が女子教員の採用または雇用の継続の障害とみなされてはならず，また報酬，その他の労働条件に影響してはならない。

55 使用者は，妊娠および母性休暇の故をもって，雇用契約を解除することを禁止されなければならない。

56 家庭の責任をもつ教員の子どもの面倒を見るため，望ましい場合には，保育所，託児所等の特別の便宜が考慮されなければならない。

57 家庭の責任をもつ女子教員が居住地域で勤務できるようにし，また夫婦とも教員である者は，近接する学区あるいは同一学区および同一学校で勤務できるようにするための措置が講じられなければならない。

58 適切な条件のもとでは，定年前に離職した，家庭の責任をもつ女子教員は，再び教職に戻るように奨励されなければならない。

非常勤の勤務

59 当局と学校は，必要な場合には，何らかの理由からフルタイムで勤務することのできない有資格教員によるパートタイムの勤務の価値を認識しなければならない。

60 正規にパートタイムで雇用される教員は，

（**a**） フルタイムで雇用される教員と比率的に同一報酬を受け，同一の基本的雇用条件を享受すべきであり，

（**b**） 有給休暇，疾病休暇，母性休暇について，フルタイムで雇用される教員と同一の適格条件を前提として，同等の権利を与えられるべきであり，

（**c**） 使用者による年金制度の適用を含めて，十分かつ適切な社会保障の保護をうける権利を与えられるべきである。

8 教員の権利と責任

職業上の自由

61 教育職は専門職としての職務の遂行にあたって学問上の自由を享受すべきである。教員は生徒に最も適した教材および方法を判断するための格別の資格を認められたものであるから，承認された計画の枠内で，教育当局の援助をうけて教材の選択と採用，教科書の選択，教育方法の適用などについて不可欠な役割を与えられるべきである。

62 教員と教員団体は，新しい課程，新しい教科書，新しい教具の開発に参加しなければならない。

63 一切の視学，あるいは監督制度は，教員がその専門職としての任務を果たすのを励まし，援助するように計画される

ものでなければならず，教員の自由，創造性，責任感をそこなうようなものであってはならない。

64 （1）　教員の仕事を直接評価することが必要な場合には，その評価は客観的でなければならず，また，その評価は当該教員に知らされなければならない。

（2）　教員は，不当と思われる評価がなされた場合に，それに対して不服を申し立てる権利をもたなければならない。

65　教員は，生徒の進歩を評価するのに役立つと思われる評価技術を自由に利用できなければならない。しかし，その場合，個々の生徒に対していかなる不公平も起こらないことが確保されなければならない。

66　当局は，各種の課程および多様な継続教育への個々の生徒の適合性に関する教員の勧告を，正当に重視しなければならない。

67　生徒の利益となるような，教員と父母の密接な協力を促進するために，あらゆる可能な努力が払われなければならないが，しかし，教員は，本来教員の専門職上の責任である問題について，父母による不公正または不当な干渉から保護されなければならない。

68 （1）　学校または教員に対して苦情のある父母は，まず第一に学校長および関係教員と話し合う機会が与えられなければならない。さらに苦情を上級機関に訴える場合はすべて文書で行なわれるべきであり，その文書の写しは当該教員に与えられなければならない。

（2）　苦情調査は，教員が自らを弁護する公正な機会が与えられ，かつ，調査

過程は公開されてはならない。

69　教員は，生徒を事故から守るため最大の注意を払わねばならないが，教員の使用者は，校内または校外における学校活動の中で生じた生徒の傷害のさいに教員に損害賠償が課せられる危険から教員を守らねばならない。

教員の責任

70　すべての教員は，専門職としての地位が教員自身に大きくかかっていることを認識し，そのすべての専門職活動の中で最高の水準を達成するよう努力しなければならない。

71　教員の職務遂行に関する専門職の基準は，教員団体の参加のもとで定められ維持されなければならない。

72　教員と教員団体は，生徒，教育事業および社会全般の利益のために当局と十分協力するよう努力しなければならない。

73　倫理綱領または行動綱領は教員団体によって確立されなければならない。なぜなら，この種の綱領はこの専門職の威信を確保し，また合意された原則に従った職責の遂行を確保するうえで大きく貢献するからである。

74　教員は，生徒および成人の利益のために課外活動に参加する用意がなければならない。

教員と教育事業全体との関係

75　教員がその責任を果たすことができるようにするため，当局は教育政策，学校機構，および教育事業の新しい発展等の問題について教員団体と協議するた

めの承認された手段を確立し，かつ，定期的にこれを運用しなければならない。

76　当局と教員は，教育事業の質の向上のために設けられた措置，教育研究，新しく改善された教育方法の発展と普及に教員がその団体を通じ，またその他の方法によって，参加することの重要性を認識しなければならない。

77　当局は，一つの学校またはより広い範囲にわたり，同一教科担任教員の協力を促進することを企図する研究会の設立とその活動を容易にすべきであり，この種の研究会の意見や提案に正当な考慮を払わなければならない。

78　教育事業の各方面に責任をもつ行政職員およびその他の職員は，教員と健全な関係を保つよう努力すべきであり，また，教員の側もこれら職員に対して同様でなければならない。

教員の権利

79　教員の社会的および公的生活への参加は，教員の個人的発達，教育事業および社会全体の利益のために奨励されなければならない。

80　教員は市民が一般に享受する一切の市民的権利を行使する自由をもち，かつ，公職につく権利をもたなければならない。

81　公職につく要件として，教員が教育の職務をやめなければならないことになっている場合，教員は，先任権，年金のために教職にその籍を保持し，公職の任期終了後には，前職ないしは，これと同等の職に復帰することが可能でなければならない。

82　教員の給与と労働条件は，教員団体と教員の使用者の間の交渉過程を通じて決定されなければならない。

83　法定の，または任意の交渉機構を設置し，これにより教員が教員団体を通じてその公的または私的使用者と交渉を行なう権利が保障されなければならない。

84　雇用条件等から生じる教員と使用者の間の争議の解決にあたるため，適切な合同の機構が設置されなければならない。もしこの目的のために設けられた手段と手続が使い尽くされ，あるいは当事者間の交渉が行きづまった場合，教員団体は，他の団体がその正当な利益を保護するため普通もっているような他の手段をとる権利をもたなければならない。

9　効果的な授業と学習のための条件

85　教員は価値のある専門家であるから，教員の仕事は，教員の時間と労力が浪費されないように組織され援助されなければならない。

学級規模

86　学級規模は，教員が生徒一人ひとりに注意を払うことができるようなものでなければならない。時には矯正教育などを目的とする小グループまたは個人授業の措置を講じ，また時には視聴覚教具を使用する大グループ授業の措置を講じることもできる。

補助職員

87　教員がその専門的職務に専念する

ことができるように，学校には授業以外
の業務を処理する補助職員を配置しなけ
ればならない。

教授用具

88　(1)　当局は，教員と生徒に最新の
教具を提供しなければならない。このよ
うな教具は教員を代用するものとしてで
はなく，教授の質を向上させ，より多く
の生徒に教育の利益を施すための手段と
みなさなければならない。

(2)　当局はこの種の教具の利用につ
いての研究を助長しなければならず，ま
た教員がこのような研究に積極的に参加
するように奨励しなければならない。

労働時間

89　教員が1日あたり，および1週あ
たり労働することを要求される時間は，
教員団体と協議して定められなければな
らない。

90　授業時間を決定するにあたっては，
教員の労働負担に関係するつぎのような
すべての要因を考慮に入れなければなら
ない。

(a)　教員が1日あたり，1週あたり
に教えることを要求される生徒数

(b)　授業の十分な立案と準備ならび
に評価のために要する時間

(c)　各日に教えるようにわりあてら
れる異なる科目の数

(d)　研究，正課活動，課外活動，監
督任務および生徒のカウンセリングなど
へ参加するために要する時間

(e)　教員が生徒の進歩について父母
に報告し，相談することのできる時間を

とることが望ましいということ

91　教員は現職教育の課程に参加する
ために必要な時間を与えられなければな
らない。

92　課外活動への参加が教員の過重負
担となってはならず，また教員の本務の
達成を妨げるものであってはならない。

93　学級での授業に追加される特別な
教育的責任を課せられる教員は，それに
応じて通常の授業時間を短縮されなけれ
ばならない。

年次有給休暇

94　すべての教員は，給与全額支給の
適正な年次休暇をもつ権利を享受しなけ
ればならない。

研修休暇

95　(1)　教員は給与全額または一部支
給の研修休暇をときどき与えられなけれ
ばならない。

(2)　研修休暇の期間は，先任権およ
び年金のための在職期間に通算されなけ
ればならない。

(3)　人口集中地帯からかけ離れ，公
共当局によってそのように認められてい
る地域に住む教員は，他の教員よりひん
ぱんに研修休暇を与えられなければなら
ない。

特別休暇

96　二国間および多国間文化交流の枠
内で与えられる休暇期間は，勤務とみな
されなければならない。

97　技術援助計画に従事する教員は，
休暇を与えられなければならない。そし

て本国における彼らの先任権，昇任資格および年金権は保護されなければならない。さらに，臨時出費をつぐなう特別の措置を講じなければならない。

98　外国からの客員教員も，同様に本国から休暇を与えられなければならず，先任権および年金権は保護されなければならない。

99　(1)　教員は，教員団体の活動に参加できるように給与全額支給の休暇を随時与えられなければならない。

　　(2)　教員は，教員団体の役職につく権利を有するべきであり，この場合，公職につく教員と同等の諸権利をもたなければならない。

100　教員は，雇用に先立って行なわれた取り決めにしたがって，正当な個人的理由による給与全額支給の休暇を与えられなければならない。

病気休暇と出産休暇

101　(1)　教員は有給の病気休暇の権利を与えられなければならない。

　　(2)　給与の全額または一部を支払われる期間を決定するにあたっては，教員を長期間にわたって生徒から隔離することが必要な場合があることを考慮しなければならない。

102　国際労働機関によって定められた母性保護の分野における諸基準，とくに1919年の母性保護条約，1952年の母性保護条約（改定）は，本勧告の第126項の諸基準と同じく，これを実施しなければならない。

103　子どもをもつ女子教員は，失職することなく，かつ，雇用から生ずるすべての権利を完全に保護されて，出産後1年まで追加の無給休暇を，要求によって取得することができるような措置により，教職にとどまることを奨励されなければならない。

教員の交流

104　当局は教育活動にとっても，教員自身にとっても，外国との専門的，文化的交流および教員の外国旅行が大きな価値をもっていることを認識しなければならない。また当局は，このような機会を拡げるよう努力し，かつ，個々の教員が外国で得た経験を考慮しなければならない。

105　このような交流の希望者の募集は，いかなる差別もなしに行なわれなければならず，また，関係者はいずれか特定の政治的見解を代表するものとみなされるべきではない。

106　外国で研究し，教えるために旅行する教員は，そうするための十分な便宜と，その職と地位に対する適切な保障を与えられなければならない。

107　教員は，外国で得た教育上の経験を，教員の同僚とわかち合うことを奨励されなければならない。

校舎

108　校舎は安全で全体のデザインが魅力的であり，また配置において機能的でなければならない。校舎は効果的な教授，課外活動に役立ち，またとくに農村地域においては，地域社会のセンターとして役立つものでなければならない。校舎は，定められた衛生基準にしたがっ

て，また耐久性，適応性および容易かつ経済的な維持という観点から建設されなければならない。

109　当局は，生徒と教員の健康と安全を，いかなる点でもおびやかすことのないように，学校施設，校舎が適正に維持されることを保障しなければならない。

110　新しい学校を計画するときには，教員代表と協議しなければならない。既存の学校に施設を新築するかあるいは増築する場合は当該学校の教職員と協議しなければならない。

農村または僻地に勤務する教員のための特別措置

111　(1)　人口集中地帯からかけ離れ，公共当局によってそのように認められている地域に勤務する教員とその家族に対しては，無料または家賃補助のある相応な住宅が提供されなければならない。

(2)　教員が，その通常の教育の仕事のほかに地域社会活動を刺激，促進することを期待されている国ぐにでは，その開発計画に，教員のための適当な宿泊設備の用意が含まれなければならない。

112　(1)　僻地の学校への任命あるいは転勤にあたって，教員には自身とその家族の移転および旅行の費用が支払われなければならない。

(2)　このような地域に住む教員には，必要な場合，彼らの専門職としての水準の維持を可能にさせるための特別の旅行の便宜を与えなければならない。

(3)　僻地に転勤された教員は，誘引策として，休暇で年に一度帰郷する際の旅費を支払われるべきである。

113　教員が特殊の困難にさらされる場合は，つねに特別困難手当の支給によって教員に補償すべきであり，このような手当は，年金計算の基礎となる収入に含まれなければならない。

10　教員の給与

114　教員の地位に影響する様々な要因のなかでも，給与はとくに重要視しなければならない。なぜならば，今日の世界的状況の中では教員に与えられる信望または尊敬，彼らの機能の重要性についての評価の程度等の諸要因は，他の対応する専門職の場合と同様，主として教員のおかれている経済的状態にかかっているからである。

115　教員の給与は

(**a**)　教員が教職についたときから彼らに課されるあらゆる種類の責任を反映しなければならないと同時に，教育機能の社会に対する重要性，したがって教員の重要性を反映しなければならない。

(**b**)　類似のあるいは同等の資格を要求される他の職業に支払われる給与とくらべて有利なものでなければならない。

(**c**)　彼ら自身と家族のために適正な生活水準を確保するとともに，研修の積み重ねまたは文化活動を続け，もって専門職としての資質を向上するに足るものでなければならない。

(**d**)　ある種のポストは，より高い資質と経験を必要とし，より大きな責任をともなうという事実を考慮しなければならない。

116　教員は，教員団体との合意によって定められた給与表にもとづいて給与を

支払われなければならない。いかなる場合にも，有資格の教員には，その試用期間中あるいは臨時採用中に，正式に雇用された教員を対象として規定されたものより低い給与表によって給与を支払ってはならない。

117 給与構造は，異なる教員集団の間のまさつを起こす原因となる不公平や変則性を生じないように計画されねばならない。

118 最高授業時数が定められている場合，正規の時間数が通常の最高限度を超える教員は，承認された給与表にもとづいて追加の報酬をうけなければならない。

119 給与差は，資格水準，経験年数，責任度などの客観的な基準にもとづいたものであり，最低給と最高給の関係は，合理的なものでなければならない。

120 いかなる学位ももたない職業科あるいは技術科の教員を基本給与表に格付けする場合には，その実際的訓練と経験の価値が考慮されなければならない。

121 教員の給与は1年を基準として算出されなければならない。

122 (1) 定期的な，なるべくならば年1回の給与増加による同一等級内の昇給を規定しなければならない。

(2) 基本的給与表の最低額から最高額に達する期間は，10年ないし15年をこえてはならない。

(3) 試用あるいは臨時採用期間中の勤務に対しても，昇給を認めなければならない。

123 (1) 教員の給与表は，生活費の値上り，国内における生活水準の向上を

みちびく生産性の増加，賃金または給与水準の全般的上昇動向などの要因を考慮に入れて定期的に再検討されなければならない。

(2) 生活費指数にしたがって，給与を自動的に調整する制度を採用している国では，どの指数をとるかは，教員団体の参加のもとに決定しなければならない。そして，支給される生活手当は，すべて年金計算の基礎となる収入に含まれるものとみなされなければならない。

124 給与決定を目的としたいかなる勤務評定制度も，関係教員団体との事前協議およびその承認なしに採用し，あるいは適用されてはならない。

11 社会保障

一般的規定

125 すべての教員は，勤務する学校の種類に関係なく，同一の，または類似の社会保障を享受することができなければならない。保障は，教員として正式に採用されている者に対する養成期間および試用期間にも及ぼされなければならない。

126 (1) 教員は，国際労働機関の1952年の社会保障（最低基準）条約に含まれるすべての事故に関する社会保障措置，すなわち，医療，病気給付，失業給付，老齢給付，業務傷害給付，家族給付，出産給付，廃疾給付および遺族給付によって保護されなければならない。

(2) 教員のための社会保障の諸基準は，少なくとも国際労働機関関係文書とくに1952年の社会保障（最低基準）条約に定められた基準と同程度に有利なも

のでなければならない。

(3)　教員のための社会保障給付は，権利として与えられなければならない。

127　教員の社会保障による保護は，第128項から第140項の諸規定に示されるような教員の特殊な雇用条件を考慮しなければならない。

医療

128　医療施設が不十分な地域では，教員は適切な医療をうけるために必要な旅費を支給されなければならない。

病気給付

129　(1)　病気給付は，収入の中絶をともなうすべての就業不能期間を通じて与えられなければならない。

(2)　それは収入中絶のつど，その第1日目から支払われなければならない。

(3)　病気給付の継続期間が一定期間に限られている国では，教員を生徒から隔離しておくことが必要な場合における延長を規定しなければならない。

業務傷害給付

130　教員は，学校における授業中のみならず，学校の施設あるいは敷地をはなれて学校の活動に従事しているときにうけた傷害の結果に対しても，保護されなければならない。

131　子どもの間に流行している一定の伝染病は，生徒との接触のために，これらの病気にさらされる教員が感染したときには，職業病とみなされなければならない。

老齢給付

132　教員が国内のいかなる教育当局から獲得した年金資格も，同一国内の他のいかなる当局の雇用の下に転勤しても通算されなければならない。

133　教員不足が真に認められた場合，年金受給資格を得た後も勤務を続ける教員は，国内法令を考慮して，年金計算において，その後の追加勤務年数を加算され，または適当な機関を通じて追加年金を得ることができなければならない。

134　老齢給付は，教員が適切な生活水準を維持し続けられるように最終収入に相応したものでなければならない。

廃疾給付

135　廃疾給付は，身体的または精神的障害のために教職を中止することを余儀なくされた教員に支払われなければならない。病気給付の延長その他の手段によっても償われないような後遺障害の場合には，年金の支払が規定されなければならない。

136　教員の障害が部分的なもので，パートタイムで教えられるときは，部分的廃疾給付が支払われなければならない。

137　(1)　廃疾給付は，その教員が適切な生活水準を維持し続けられるように，最終収入に相応したものでなければならない。

(2)　可能な限り，障害のある教員を，以前の活動の再開のために準備させることを目的とする機能回復のための治療活動と同時に，障害のある教員の健康を回復すること，あるいはそれが不可能ならばいくらかでも向上させることを目的と

する医療およびそれと関連した諸給付が規定されなければならない。

遺族給付

138 遺族給付資格付与の条件とその給付の額は，遺族が適正な生活水準を維持し，残された子どもの福祉と教育を確保することを可能にするものでなければならない。

教員に社会保障を与えるための手段

139 (1) 教員のための社会保障の保護は，できるだけ公共部門の，あるいはそれが適当な場合には民間部門の被雇用者に適用される一般的制度を通して確保されなければならない。

(2) 補償すべき一つまたは二以上の事故のための一般的制度が存在していない場合には，法令による，またはよらない特別制度を確立しなければならない。

(3) 一般的制度のもとにおける給付水準がこの勧告に規定されたものより低いときには，補足的制度によって勧告された水準まで引き上げなければならない。

140 基金の投資を含めて，これらの特別制度および補助制度の運営に教員団体の代表を関与させる可能性に対して考慮を払わなければならない。

12 教員の不足

141 (1) すべての教員の緊急補充問題は，あくまで臨時の措置としてのみ考えられなければならず，すでに確立した，あるいは確立されるべき専門職としての基準をいかなる形にせよ引き下げ，

または危くすることがなく，生徒に対する教育上の損失を最少限にとどめる方策によって処理することを指導原則としなければならない。

(2) 過大学級，教員の授業担当時間の不当な延長など，教員の不足に対処することを目的とした臨機の処置は，教育の目的目標と両立しがたいものであり，生徒たちにとっても有害であることを認識して，権限ある当局は，緊急にこれらの便宜的処置を不必要とし，廃止するための手段を講じなければならない。

142 教員を供給する上で短期の集中的な応急教員養成課程を必要とする発展途上の国々では，教育事業を指導し，指示する能力のある専門的訓練をうけた有能な教員群を生み出すために十分に専門的で，包括的な課程を準備しなければならない。

143 (1) 応急の短期課程で訓練をうけるために入学を許可される学生は，彼らが引き続いて全課程の必要課目を修得することができるように，通常の専門課程あるいはそれよりも高度の課程への入学に適用される基準に照らして選抜されなければならない。

(2) このような学生が勤務しつつその資格を完全なものにすることができるように，給与全額支給の特別研修休暇を含む措置と特別の便宜が与えられなければならない。

144 (1) できる限り，無資格者は，専門職としての資格をもつ教員の綿密な監督と指導のもとに勤務させなければならない。

(2) 継続雇用の一条件として，これ

らの者には，その資格を得ること，あるいは十分なものにすることが要求されなければならない。

145 教員の社会的・経済的地位，生活条件および労働条件，雇用条件ならびにキャリアの見通しを改善することが，有能かつ経験をつんだ教員が不足しているという事態を克服することであり，また，完全な資格をもつ人々を十分な数だけ教職にひきつけ，ひきとめる最良の手段であることを当局は，認識しなければならない。

13　最終規定

146 教員がいくつかの点でこの勧告に規定されているより有利な地位を享受しているところでは，本勧告の諸規定を，すでに与えられている地位を引き下げるように活用してはならない。

執筆（50音順）

青木　努（埼玉中央法律事務所）

江夏大樹（東京法律事務所）

加藤健次（東京法律事務所）

小林善亮（西むさし法律事務所）

齊藤園生（さいとう法律事務所）

杉島幸生（関西合同法律事務所）

富永由紀子（三多摩法律事務所）

堀　浩介（東京南部法律事務所）

渡辺輝人（京都第一法律事務所）

全日本教職員組合弁護団

〒102-0084　東京都千代田区二番町12-1　全国教育文化会館3階
　　　　　　全日本教職員組合内

電話：03（5211）0123　ファクス：03（5211）0124

最新　教職員の権利ハンドブック

2023年4月5日　初版第1刷発行

編　者───全日本教職員組合弁護団
装　丁───宮脇宗平
発行者───木内洋育
発行所───株式会社旬報社

　　　　　〒162-0041　東京都新宿区早稲田鶴巻町544
　　　　　電話（営業）　03-5579-8973
　　　　　http://www.junposha.com

印刷・製本─シナノ印刷株式会社

ISBN978-4-8451-1808-3